40个地质和地球科学实验

GEOLOGY AND EARTH

【美】阿维娃·埃布内　帕梅拉·沃克　伊莱恩·伍德/著

戴东新　李　哲　王伊阳/译

上海科学技术文献出版社
Shanghai Scientific and Technological Literature Press

图书在版编目（CIP）数据

40个地质和地球科学实验/（美）阿维娃·埃布内，（美）帕梅拉·沃克，（美）伊莱恩·伍德著；戴东新，李哲，王伊阳译．—上海：上海科学技术文献出版社，2019
ISBN 978-7-5439-7876-8

Ⅰ.①4… Ⅱ.①阿…②帕…③伊…④戴…⑤李…⑥王… Ⅲ.①科学实验—初中—教学参考资料 Ⅳ.① G634.73

中国版本图书馆 CIP 数据核字（2019）第 074856 号

Facts on File Science Experiments: Earth Science Experiments
Copyright © 2011 by Infobase Publishing

Experiments for Future Scientists: EARTH SCIENCE EXPERIMENTS
Text and artwork copyright © 2011 by Infobase Learning

Copyright in the Chinese language translation (Simplified character rights only) © 2019 Shanghai Scientific & Technological Literature Press

All Rights Reserved
版权所有，翻印必究

图字：09-2019-281

策划编辑：张　树
责任编辑：苏密娅　于学松
封面设计：许　菲

40个地质和地球科学实验
40GE DIZHI HE DIQIU KEXUE SHIYAN

[美]阿维娃·埃布内　帕梅拉·沃克　伊莱恩·伍德 著　戴东新　李哲　王伊阳 译
出版发行：上海科学技术文献出版社
地　　址：上海市长乐路 746 号
邮政编码：200040
经　　销：全国新华书店
印　　刷：常熟市人民印刷有限公司
开　　本：720×1000　1/16
印　　张：15.75
字　　数：265 000
版　　次：2019 年 6 月第 1 版　2019 年 6 月第 1 次印刷
书　　号：ISBN 978-7-5439-7876-8
定　　价：48.00 元
http://www.sstlp.com

序 言

当你听到"科学"这个词时,最先想到的是什么?是否和大多数人一样,想到陈列着各种各样玻璃器皿和许多精密仪器的实验室?想到总是身着白大褂,整日埋头于各种实验,满脸严肃的科学研究人员?虽然在许多地方这种对科学家的传统看法仍然是正确的,但是实验室却不是唯一存在科学的地方。在某个建筑工地、篮球场甚至是一场你喜爱的乐队的演奏会上,都可以发现科学。实际上,科学无处不在。我们在厨房里做饭时要用到科学;画画时要用到科学;建筑师设计建筑物时要用到科学;甚至解释为什么你最喜欢的棒球选手可以打一个本垒打也要用到科学。

几个世纪以来,人类不断地对周围世界进行探索和研究,从中获得的知识不断积累成科学。科学知识的代代传承通过一系列的教育活动得以实现。所有科学教育活动的一项基本目的就是培养年轻人具有批判性思维和解决问题的能力,而这些能力是受益终身的。

科学知识教育具有学术独特性,不仅要展现事实规律、传授技能,更要培养学生的好奇心和创造性。因此,科学是主动的过程,不可能完全用被动的教学方法实现上述目标。教育工作者时常面临"科学教育的最佳途径是什么"这样的难题。尽管尚无确切答案,但是教育界的一些研究成果还是为我们带来了有益的启示。

研究表明,学生必须积极主动地参与科学实践,通过切身体验学习科学知识。我们要鼓励人们摆脱和超越书本,敢于质疑,提出新奇的设想,进行大胆的预测和假设,自己设计实验内容和步骤,并能收集相关信息,记录实验数据,分析所发现的结果,利用各种资源来拓展知识。换言之,在学习科学的过程中,不能只用耳朵"听",还必须动手"做"。这也就是学科学的最佳方法——"做"科学。

所谓"做"科学就是进行科学实验。涉及科学的课程当中,实验部分发挥着多项教育功能。在很多情况下,需要实际操作的教学活动能有效地激发学生的兴趣,有助于新课题的导入。例如,我们介绍某一有争议的实验,会激发学生的探究欲望并解开现象背后的谜团。课堂上的调查研究活动也有助于学生温故知新。根据神经科学的理论,科学实验和其他学习实践活动有助于将新知识从短期记忆转化成长期记忆。以实践活动和实验为主的"做"科学不仅有助于学生掌握科学概念,而且有助于培养当今年轻人对科学的兴趣。

为此,我们策划了这套"新知图书馆"系列丛书,汇集了天文、地理、物理、化学、生物、海洋、机械、音乐、体育、艺术、建筑、环境等多个领域的科学内容,我们将通过实验验证这些学科内容在日常生活中的应用,通过简单的实验吸引学生兴趣,使之能够进行实践操作,实现我们所说的"做"科学。丛书每个分册围绕一到两个主题设计了20~40项实验,实验所用的材料大多都是生活中常见的物品。各类实验配有插图和图解,便于抓住学生注意力,直观地传递信息。所有实验都会综合调动学生进行科学探究的各方面技能,诸如观察、测量、归类、分析以及预测等。此外,某些实验要求学生通过自己设计并完成开放式实验项目,锻炼其探究科学的能力。

书中大多数的实验都是要求在教师和成年人的指导下,以小组的形式进行的,这其中的一个好处是学生们有机会通过社会交往途径进行学习,使得学生有了集思广益和相互学习的机会。神经科学的研究成果证明,小组学习是一种有效的学习手段,人脑是具有社会属性的器官,人际交流和相互协作能提高学习的效果。

"新知图书馆"系列丛书的目标是借助实验激发学生学习科学的兴趣,传授基本的科学概念,培养批判性思维能力。当学生完全沉浸在丰富的实验环境中,他们会经历许多惊喜并得到意外收获,体验到新旧知识融合以及豁然开朗的非凡乐趣。在这样的条件下,学习活动才真实生动而又效果持久。

我们希望当你们完成这些实验时,能对身边的世界有更好的了解。也许阅读这套书并不能使你们成为一流的运动员或数一数二的科学家,但是我们希望这些实验能够激发你们去发现日常生活中的科学,也能鼓励你们把我们的世界变得更加美好。

目 录

实验前必读 ·· 1

地 质 篇

简介 ·· 3
实验 1 龙卷风 ·· 5
实验 2 记录地震 ·· 10
实验 3 飓风 ·· 13
实验 4 海啸 ·· 17
实验 5 火山 ·· 21
实验 6 全球变暖 ·· 26
实验 7 地质学时标 ·· 32
实验 8 温室气体 ·· 37
实验 9 制造闪电 ·· 41
实验 10 烟雾 ·· 44
实验 11 风化 ·· 48
实验 12 板块边界 ·· 51
实验 13 制作赫尔-肖氏模型 ··· 56
实验 14 使用赫尔-肖氏模型 ··· 59
实验 15 岩石的转化循环 ·· 63

实验 16	岩石的多孔性	68
实验 17	采矿	72
实验 18	太阳系	75
实验 19	海市蜃楼——边缘层的反射和折射	79
实验 20	月球	83

附录

    实验环境的设置 ········· 86

    我们的发现 ········· 87

地 球 篇

简介		95
实验 1	平面图	99
实验 2	地形图	105
实验 3	晶体成长和大小	111
实验 4	土壤侵蚀	116
实验 5	鉴定矿物质	121
实验 6	土壤颜色和温度	127
实验 7	边坡稳定性	133
实验 8	沙丘的侵蚀	139
实验 9	为岩石命名	144
实验 10	岩石变形	150
实验 11	使用半衰期测定岩石年龄	157
实验 12	风寒	163
实验 13	相对湿度	169
实验 14	追踪飓风	176
实验 15	冰雹的形成	183
实验 16	蒸发的速度	189
实验 17	天文望远镜的彩色滤光片	195

实验 18 平面天体图的制作 ·················· 201
实验 19 平面天体图的使用 ·················· 207
实验 20 天文学历史 ·························· 214
附录
    实验环境的设置 ····························· 222
    我们的发现 ································· 223

实验前必读

在开始任何实验前仔细阅读

每项实验都包括与具体主题相关的特别安全提示。这些提示不包括那些在做其他任何科学实验时都必须注意的基本规则。因此,你必须仔细阅读下面的安全准则,并时刻牢记在心。

科学实验很容易有危险,规范的实验步骤应该包括细致的安全守则。在实验过程中随时会有意外发生,例如,材料可能会溢出、破碎,甚至着火。发生危险时你甚至来不及自我保护。在整个实验过程中,不论是否会对你造成危险,你都要严格遵守下面的安全提示,时刻警惕意外危险发生。

对每个独立的实验我们都设计了比较保守的安全预防措施。所以,我们希望你能认真对待本书中的所有安全提示。正是因为非常危险,因此你应该明确看到了这些提示。

因为时刻记住所有的规则并不容易,所以在开始每一项实验之前和准备每一项实验时都要重新阅读这些规则,这样你就会在实验的每一个危险关头注意保持安全。此外,在做那些会发生潜在危险的步骤时,你要运用自己的判断力,时刻保持警惕。虽然书中并没有提到"小心热的液体"或"不要用刀划破你的手指",但并不表示你在烧水或在塑料瓶上打洞时可以疏忽大意。书中的安全提示只是一些特别的提醒。

安全准则

粗心、仓促、缺乏知识或不必要的冒险都会引发事故,采取安全的步骤和在整个实验过程中都保持警惕可以避免上述危险。一定要阅读书中每项具体实验后附加的安全提示和遵从需要成人监督的要求。如果你是在实验室里做实验,记住不要一个人操作。如果不是在实验室里做实验,要至少3个同学一组,并严格遵守学校和各地的法律对监督人员数量的要求。请求具有急救知识的成人监护员看护,并准备好急救包。确保在实验过程中人人都知道急救员的位置。

准 备

- 在实验之前清理桌面,保持干净。
- 开始实验之前,阅读整个实验说明。
- 了解实验中的危险和可预料的危险。

自我保护

- 有步骤地遵守实验说明。
- 每次只做一个实验。
- 确定安全出口、灭火毯和灭火器的位置,关闭燃气和电源开关,准备好洗眼水和急救包。
- 确保充分通风。
- 不要喧闹嬉戏。
- 不要穿露脚趾的鞋。
- 保证地板和工作间干净、整洁、干燥。
- 立即清除溢出物。
- 如果玻璃器皿破裂,不要自己打扫,请求教师帮助。
- 把长头发束到脑后。
- 不要在实验室或工作间里吃东西、喝饮料或吸烟。
- 除非有知识丰富的成人明确告知,否则不要食用任何实验用的材料。

小心使用器材

- 不要把仪器竖立在桌子边缘。
- 小心使用刀子或其他尖锐的仪器。
- 拔电源插头,而不是拔电线。
- 使用前后都要清洗玻璃器皿。
- 检查玻璃器皿的擦痕、裂痕和尖锐边缘。
- 玻璃器皿破碎了要立即通知老师。
- 不要让反射光照射你的显微镜。
- 不要触摸金属导体。
- 小心用电。
- 使用酒精温度计,而不是水银温度计。

使用化学品

- 不要品尝或吸入化学品。
- 在盛有化学品的瓶子和仪器上贴好标签。
- 仔细阅读标签。
- 避免化学品接触皮肤和眼睛(戴安全镜或护目镜、实验用围裙和手套)。
- 不要触摸化学溶液。
- 使用溶液前后要洗手。
- 彻底清除溢出物。

加热物质

- 在加热材料时戴安全镜或护目镜、围裙和手套。
- 使你的脸远离试管或烧杯。
- 当在试管里加热物质时,避免把试管的顶端对着其他人。
- 使用耐热玻璃制成的试管、烧杯和其他玻璃器皿。
- 不要使仪器处于无人看管状态。

- 使用安全钳和耐热手套。
- 如果你的实验室没有耐热工作台，把本生灯放在耐热垫上之后再点燃。
- 点燃本生灯时要注意安全；点燃本生灯时保持通气孔关闭，使用本生灯专用打火机而不用火柴。
- 使用电炉、本生灯和燃用气体完毕后立即关闭。
- 使易燃物远离火焰或其他热源。
- 手边准备一个灭火器。

实验结束

- 彻底清理你的工作场所和任何使用过的玻璃器皿。
- 洗手。
- 小心不要把化学品或污染了的试剂放入错误的容器。
- 不要在水槽里处理材料，除非要求这样做。
- 清理所有的残留物，把它们放到正确的容器里进行处理。
- 按照各地法律规定处理化学品。

随时保持安全意识！

地质篇

简 介

无论学生是否展现出对地质科学的极大兴趣，或者想将该学科下的任何一个分支作为自己奋斗终生的职业，他们都将获得关于地球、地球资源、人类对地球的影响、地球发生的各种自然现象以及环绕地球的大气等方面知识。这些知识可以让学生们更加深刻地了解地球资源以及人们在维护这些资源的过程中所起到的作用。地球科学也使学生将一些与科学看起来不太相关的领域连接起来。地球科学涉及物理学、地质学、地理学、气象学、数学、化学和生物学。通过结合这些不同科学学科的知识，人们可以了解地球科学更广泛的领域：岩石圈、水圈和生物圈。

大多数学生都听说过全球变暖、气候变化、自然灾害和其他事件，他们没有意识到实际上已经学习了一些关于地质科学的知识。但是又有多少学生知道大气学科科学家研究气候的全球动态；地球化学家研究全球的主要化学元素和微量化学元素的分布；地貌学家研究全球的地形；冰川地质学家研究冰川的运动；气象学家研究大气和天气；海洋学家研究海洋的物理、化学、生物和地质问题；古生物学家研究化石；地震学家研究地震呢？如果我们给予现在的年轻学生们探索这些主题的机会，那么这些主题将是他们未来接触地球科学的相关领域。

在后面的实验中，学生们将接触到地质科学的各种主题，因此，他们可以在家或者学校的实验室里探索地球的奥秘。也许有些学生会对地质科学相关的领域产生浓厚的兴趣并将其发展为未来所从事的职业。学生可以通过实验"龙卷风""飓风"和"制造闪电"来模拟和研究天气现象。一些学生可以通过实验"记录地震""海啸"和"火山"了解自然灾害。当前的一些话题，例如实验"全球变暖""温室气体"和"烟雾"可以使学生更加了解当前的事件或者当地的环境。还有一些学生喜欢研究地球大气的奥秘,他们可以在实验"太阳系"和"月球"进行探索。想成为未来地质学家的学生会喜欢实验"地质学时标""风化""板块边界""岩石的转化循环""岩石的多孔性"和"采矿"。一些学生也许对实验"海市蜃楼——边缘层的反射和折射"好奇,而另外一些学生也许对实验"制作赫尔-肖氏模型"和"使用赫尔-肖氏模型"充满兴趣。

所以准备好去制造一个恶劣的天气,模拟一次地震,仿造光化烟雾、挖掘巧克力片当做采矿,制造你自己的闪电并且凝视夜空吧!地球是巨大的,因此等待我们去探索的地球科学知识也是无穷的。

实验 1　龙卷风

简　介

龙卷风是猛烈的,其旋转的云柱连接地面和雷暴云,发生时会给人们带来破坏性的损失。美国每年都会发生约 800 次龙卷风。在美国,龙卷风经常发生于落基山脉东部,人们把美国易发生龙卷风的地区叫做"龙卷风路径"。尽管雷暴是由潮湿的、有雾气的空气组成的,但是雷暴却经常形成于干旱的区域。这样的天气状况为形成漏斗云提供了有利的条件。海拔不同的风,风速不同时会发生风切变,这就形成了旋转的云柱。如果空气被上升气流吸入,风速就会增加并形成漏斗云。当漏斗云伸展至地面时就成为龙卷风。人们用藤田级数(Fujita scale)来确定龙卷风的强度——藤田级数是人们根据龙卷风造成危害的程度来划分的。

在本实验中,你将模拟一个龙卷风并观察它的影响。

实验时间

45 分钟

实验材料

- 1 块 25 厘米×30 厘米木板

- 喷胶器
- 橡胶手套或者乳胶手套
- 小陶瓷杯或者陶瓷盘
- 有手柄的小风扇
- 约18厘米宽的透明塑料花盆托或者透明的塑料盘
- 剪刀
- 120毫升(1/2杯)水
- 少许小块的干冰
- 2张23厘米×25厘米乙烯基纸

安全提示

请仔细阅读并遵守本书前面的"实验前必读"中的"安全准则"。确保按照实验要求戴好手套。

实验步骤

1. 将陶瓷盘粘在木板的中心(图1)。
2. 将一张乙烯基纸定位,使其长的一面接触木板,将乙烯基纸的边缘粘在陶瓷盘上(图2)。

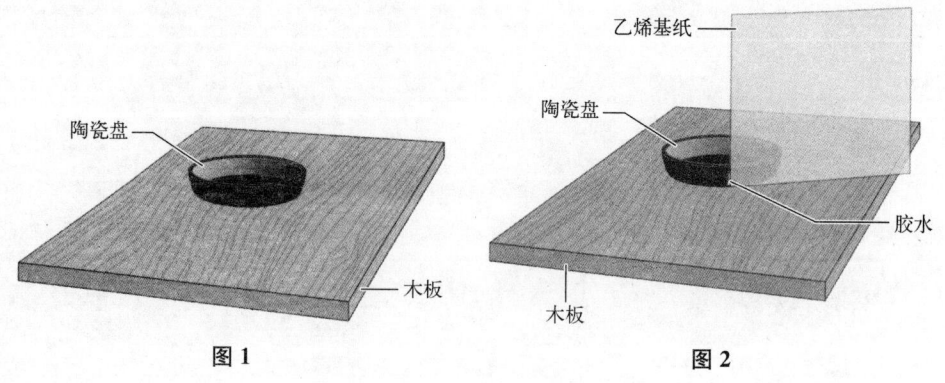

图1

图2

3. 将乙烯基纸卷曲在陶瓷盘外围,注意乙烯基纸卷曲的部分不能碰到陶瓷盘。用胶带固定住乙烯基纸与木板接触的地方,让其保持半圆形(图3)。

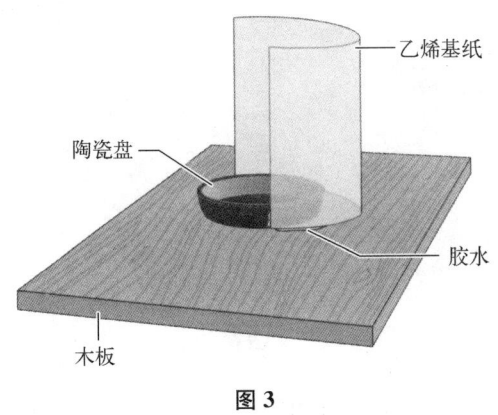

图3

4. 重复实验步骤2、3,将第二张乙烯基纸固定在陶瓷盘的另一侧(图4)。

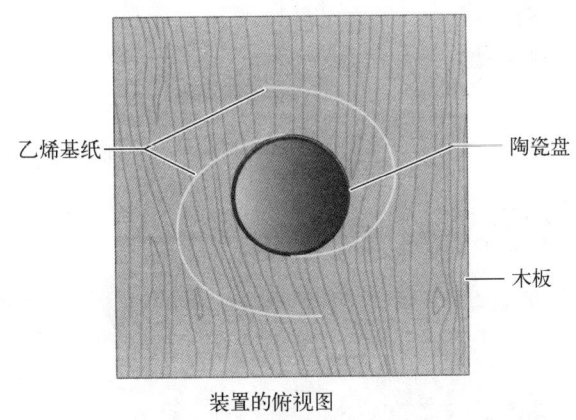

装置的俯视图

图4

5. 在透明塑料盘的底部剪出一个直径为5厘米大小的圆孔(图5)。

6. 将透明塑料盘放在你伸手能够到的地方。

7. 在陶瓷盘里倒入120毫升(1/2杯)水。

8. 戴上手套以便安全地处理干冰。

9. 将干冰放入陶瓷盘的水里。

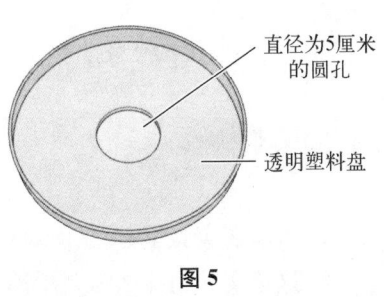

图5

实验1 龙卷风

10. 将透明塑料盘倒扣在两张乙烯基纸上(图6)。

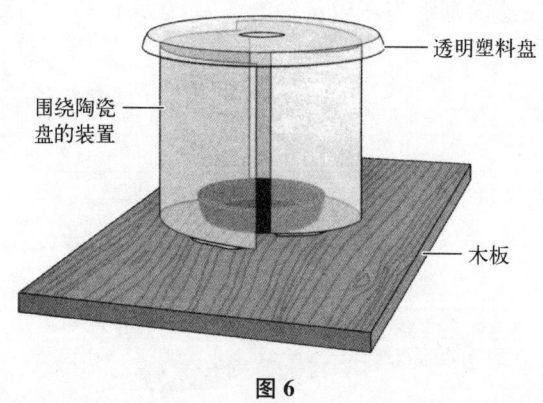

图 6

11. 将小风扇正面朝上放在透明塑料盘中心的圆孔上，打开电扇(图7)。

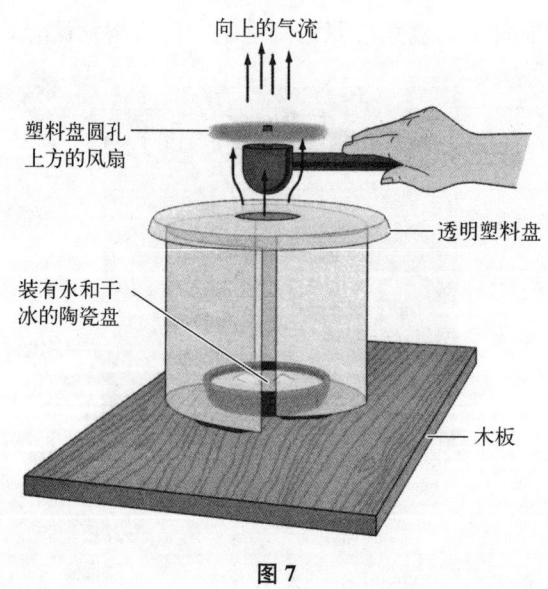

图 7

12. 观察发生的变化。

实验观察

1. 风扇在实验里起了什么作用？
2. 这个实验为什么需要干冰？

3. 漏斗云和龙卷风的区别是什么?
4. 真正的龙卷风是如何形成的?

我们的发现

请参见本书后面附录中"我们的发现"。

实验 2　记录地震

简　介

当地球外壳的断层突然发生急剧的运动时,就形成了地震。地震的震源位于地球地表下,是地震发生的确切位置。震中是指地球表面上位于震源正上方的点。人们可以使用地震仪对地震进行记录。人们使用里氏震级(Richter scale)来解释地震仪上的信息。根据里氏震级,人们可以确定和了解地震的强度。里氏震级是基数为10的对数标度。每增加1个震级,地震的强度就增加32倍。例如,震级5.0的地震强度比震级4.0的地震大32倍。

在本实验中,我们将模拟地震仪的测量方法记录地震。

实验时间

15分钟

实验材料

- 有驾照的成年人司机
- 汽车
- 标准尺寸的便笺簿

- 毡制细头黑色签字笔
- 钟表

安全提示

请仔细阅读并遵守本书前面的"实验前必读"中的"安全准则"。

实验步骤

1. 坐在汽车里的乘客座位上。副驾驶的位置是最好的,但是如果你受到年龄和安全条例的限制,你也可以坐在汽车后座。确定你系上了安全带。

2. 将便笺簿倾斜地拿在手里(图1)。

3. 保持便笺簿的倾斜角度,一只手持着便笺簿倚在离你身体最近的汽车表面上——例如汽车仪表板上的小柜或是你前面座位的座椅背面(图2)。

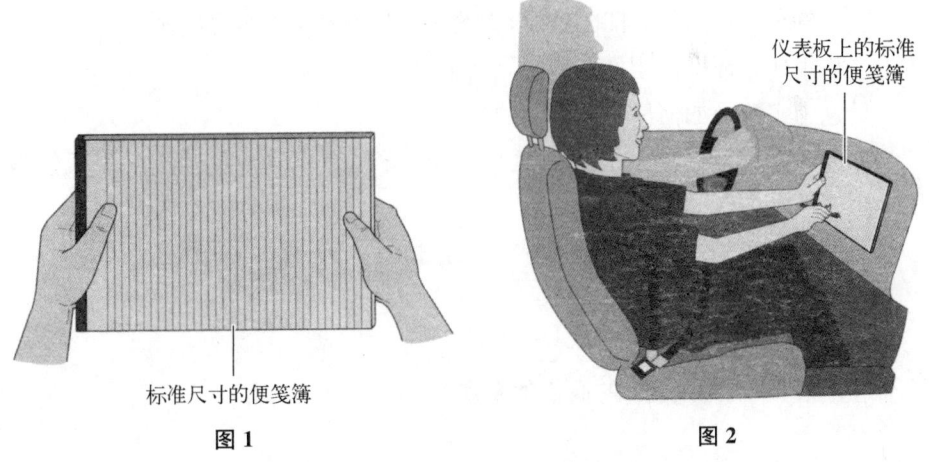

标准尺寸的便笺簿

图1

仪表板上的标准尺寸的便笺簿

图2

4. 将签字笔的笔帽拿下来,用另一只手拿着签字笔。

5. 手臂伸直,确保签字笔的笔尖能够到便笺簿(图3)。

6. 请有驾照的成年人开动汽车让其行驶在崎岖不平的道路(或者公路)上大约两分钟。

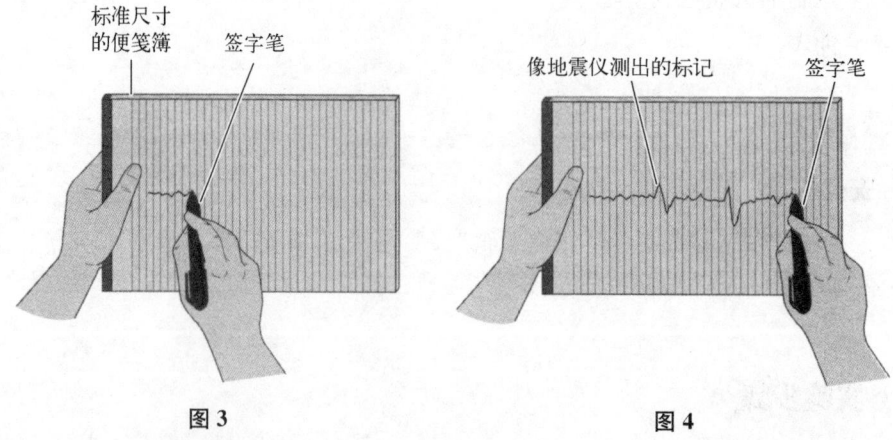

图 3　　　　　　　　　　　图 4

7. 在汽车行驶过程中,手持签字笔在便笺簿上从左到右慢慢地移动(7—10秒钟),颠簸的路面会使你的手上下晃动,但不要阻止手的晃动(图4)。

8. 每次画线到纸的边缘时,将便笺簿翻到下一页并重复实验步骤7、8。

实验观察

1. 当汽车经过凸起和凹陷处时,你的胳膊是不是晃动得更明显?
2. 你用什么证据证明你的胳膊晃动了?
3. 这个实验是如何模仿地震仪的?
4. 如何为这个模拟的公路地震仪设定比例,使其与测量地震的里氏震级相似?

我们的发现

请参见本书后面附录中"我们的发现"。

实验 3　飓风

简 介

飓风是指风速高达 119 千米/小时的气旋。一些关于飓风的记载曾描述到飓风的最高速度可达到 306 千米/小时。人们专门用"飓风"这一术语描述北大西洋附近发生的达到一定风速的暴风雨。而太平洋西海岸相同强度的暴风雨则被称作台风，印度洋附近发生的暴风雨被称作热带气旋。飓风形成于海洋上空，最初是几个风暴产生了低压中心，而位于大气中较高位置的高气压产生了外向力。这使得气旋开始旋转，热带低压阶段转变为热带风暴阶段。最终气旋形成了具有高风速的飓风。飓风的强度是根据萨费依—辛普森飓风等级(Saffir-Simpson scale)划分的。1 级飓风造成的危害最小，而 5 级飓风会造成灾难性的损失。大西洋每年都会发生飓风。各国气象观测机构每个季节都会追踪这些飓风，并向住在相关区域的有可能受到飓风影响的人们发布飓风警报。

在本实验中，你将模拟飓风，对其进行追踪，并与以前飓风季节的飓风模式进行比较。

实验时间

1 小时

实验材料

- 美国国家气象观测组织网站 http://www.nhc.noaa.gov
- 一台可以上网的计算机
- 彩色打印机
- 一套彩色铅笔
- 一套彩色的细头签字笔

安全提示

请仔细阅读并遵守本书前面的"实验前必读"中的"安全准则"。访问联网时请遵守所有的互联网安全条例。

实验步骤

1. 访问美国国家气象观测组织网站找到以前飓风季节的地图。
2. 将2009年大西洋飓风季节的地图打印出来。地图网址：http://www.nhc.noaa.gov/2009atlan.shtml，你也许需要检验这个网址是否被更新了。
3. 点击图片将其放大（图1）。
4. 打印彩色的地图。
5. 点击2008年大西洋飓风季节的地图。地图网址：http://www.nhc.noaa.gov/2008atlan.shtml，你也许需要检验这个网址是否被更新了。
6. 使用与图1里2009年地图同样的颜色，将2008年地图上的飓风和热带低压追踪信息画在2009年的地图上（图2）。
7. 点击2007年大西洋飓风季节的地图。地图网址：http://www.nhc.noaa.gov/2007atlan.shtml，你也许需要检验这个网址是否被更新了。
8. 使用彩色签字笔重复实验步骤6。
9. 在这3个连续的飓风季节地图里，观察你的追踪路线。

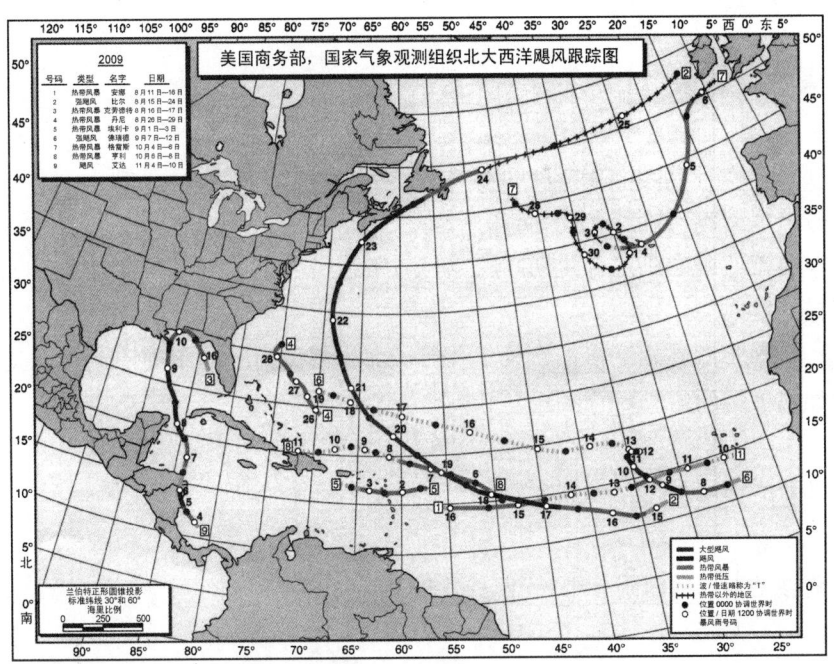

图1 2009年大西洋飓风季节的地图(图片来源：http://www.nhc.noaa.gov/2009atlan.shtml)

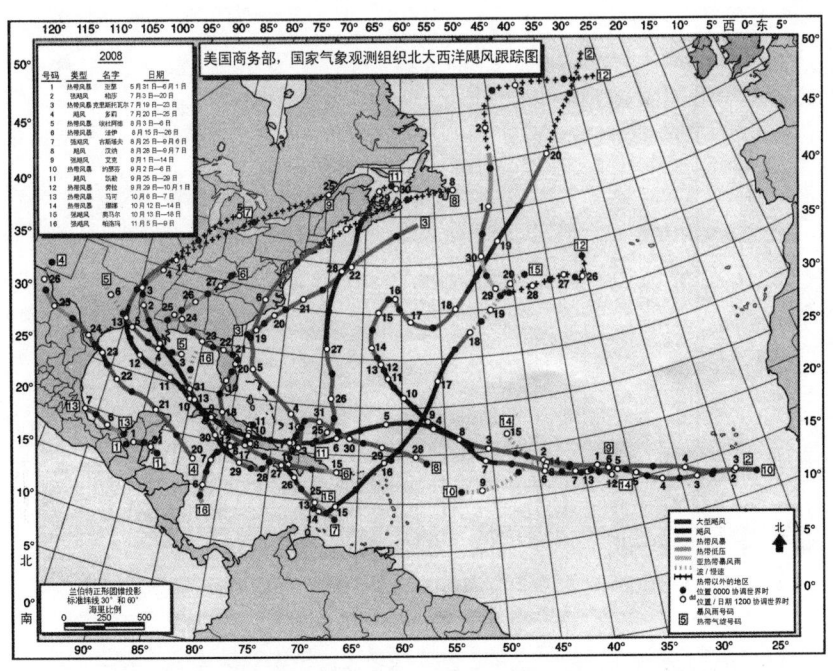

图2 画在2009年地图上的2008年大西洋飓风季节数据

实验3 飓风　15

实验观察

1. 你是否注意到这 3 年期间暴风雨强度的模式？如果注意到了，暴风雨的强度有怎样的模式？

2. 你是否注意到这 3 年期间飓风位置的模式？如果注意到了，飓风的位置有怎样的模式？

3. 飓风追踪在预测未来暴风雨和保护海岸线附近的人们是有益的。对此，你是如何理解的？

我们的发现

请参见本书后面附录中"我们的发现"。

实验 4　海啸

简　介

海底发生震动(例如地震)时,会产生巨大的波浪,这种巨大的海浪就是海啸。然而,海底发生大规模的火山喷发时也会引发海啸。在美国,夏威夷是最容易发生海啸的地方,加利福尼亚州和阿拉斯加州也发生过数次海啸。其他国家(例如日本)也发生过海啸。有史以来最具破坏性的一次海啸发生在靠近印度尼西亚海岸的印度洋。这次海啸发生在大地震后,造成了20万人死亡。如今,世界各地都建有海啸预报中心,这些预报中心发出警报让人们提防主要的、可能会引发海啸的海底地震性运动。

在本实验中,你将模拟产生海啸的情况并观察产生的波。

实验时间

30分钟

实验材料

- 大弹簧
- 同伴
- 桌面

- 透明的大塑料容器
- 橡皮锤
- 能将塑料容器装到半满的水
- 几张白纸
- 铅笔

安全提示

请仔细阅读并遵守本书前面的"实验前必读"中的"安全准则"。

实验步骤

1. 站在地上紧紧握住弹簧的一端。
2. 让你的同伴站在你的对面,握住弹簧的另一端,使弹簧可以松散地成直线展开(图1)。

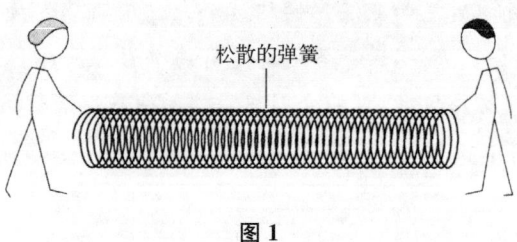

图1

3. 朝你同伴的方向推动弹簧,但是不要松手(图2)。

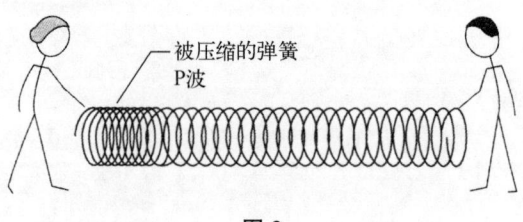

图2

4. 观察弹簧的压缩程度和你推动弹簧产生的波动情况。这种波动模拟了

P波。

5. 在地面上前后移动你握住的弹簧的一端,你的同伴牢固地握住另一端(图3)。

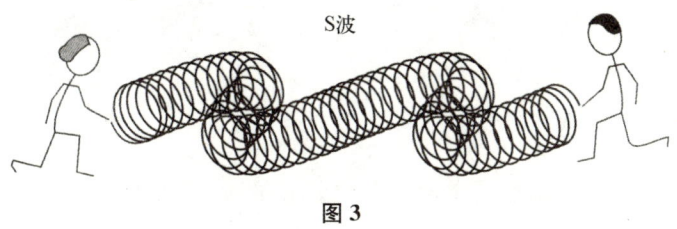

图 3

6. 观察波动情况。这种波动模拟了S波。

7. 举起你所握住的弹簧的这一端用力上下摇晃,你的同伴牢固地握住另一端(图4)。

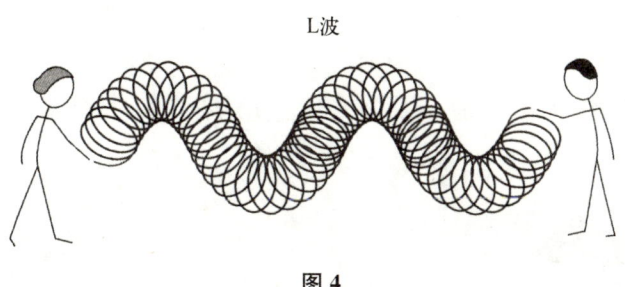

图 4

8. 观察波动情况。这种波动模拟了L波。通常情况下,是L波引发了海啸。

9. 将弹簧放在一边。

10. 将透明的大塑料容器内注入一半水。

11. 将容器放在桌面上。

12. 用橡皮锤在桌子前方敲击(图5)来模拟P波。

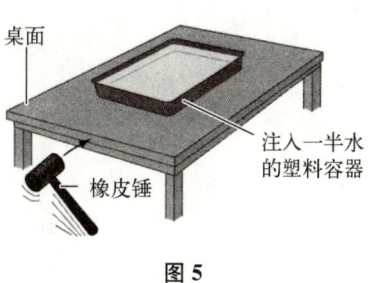

图 5

13. 观察水里产生的波。

14. 将你观察到的结果画成图。

15. 用橡皮锤在桌子侧面敲击(图6)模拟S波。

16. 观察水里产生的波。

17. 将你观察到的结果画成图。

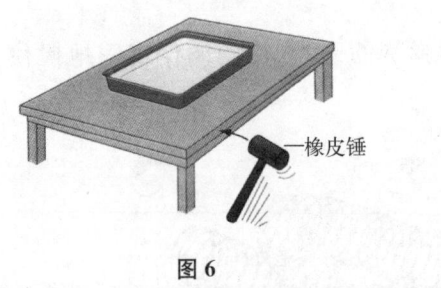
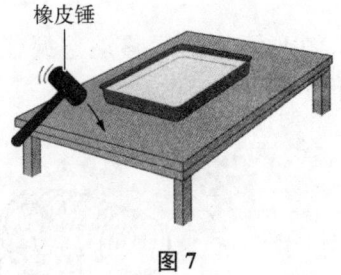

图 6　　　　　　　　　　图 7

18. 最后，用橡皮锤敲击容器前方的桌面（图7）模拟L波。
19. 观察水里产生的波。这种波模拟了海啸波。
20. 将你观察到的结果画成图。

实验观察

1. 你观察到弹簧的P波、S波和L波的运动有什么差异？
2. 你观察到水里的P波、S波和L波的运动有什么差异？
3. 与其他波相比，L波是如何引发海啸的？

我们的发现

请参见本书后面附录中"我们的发现"。

实验5　火山

简　介

　　火山是地壳的断裂口,岩浆从地表下方经断裂口流出。岩浆是融化的岩石,地壳下方的极度高温使岩石保持熔融状态而非凝固状态。岩浆的温度为700℃—1 300℃。从火山流出的岩浆叫做熔岩。在岩浆流出地表之前,它流经火山形成了岩脉。岩脉是岩浆在向地表流动的过程中填充在火山垂直裂缝中的板状岩体。

　　在本实验中,你将模拟岩浆是如何流经火山以及火山岩脉是如何形成的。

实验时间

3.5 小时准备
60 分钟完成

实验材料

- 4 包无气味的凝胶
- 搅拌勺
- 1 个容积为 3 升的碗

- 1个容积为2升的碗
- 塑料注射器（例如宠物店销售的喂鸟的塑料注射器）
- 1瓶红色食用色素
- 量杯
- 透明塑料杯
- 凉水（能将杯子的2/3装满并能装满另外两个473毫升杯子）
- 沸水1 419毫升（能装满6个杯子）
- 钟表
- 直尺
- 40厘米×60厘米小钉板，每隔2.5厘米有一个直径为5毫米的小孔。也可以使用一次性的铝板，使用直尺测量位置后在铝板上戳出小孔
- 冰箱
- 4块砖
- 2张白纸
- 黑色铅笔
- 红色铅笔
- 刀子

安全提示

请仔细阅读并遵守本书前面的"实验前必读"中的"安全准则"。建议在成年人的监督下准备和处理沸水。格外小心不要烫伤和烧伤。建议在成年人的监督下使用锋利的物体，例如刀子。

实验步骤

1. 将4包凝胶倒入大碗中。
2. 加入2杯凉水。
3. 将水和凝胶搅拌30秒。
4. 加入6杯沸水。

5. 搅拌直到凝胶完全溶解。
6. 将凝胶混合物小心地倒入容积为 2 升的碗中。
7. 将碗放入冰箱。
8. 将凝胶放在冰箱里至少 3 个小时。
9. 将碗从冰箱里拿出来。
10. 将 4 块砖立起来支撑住小钉板(图 1)。

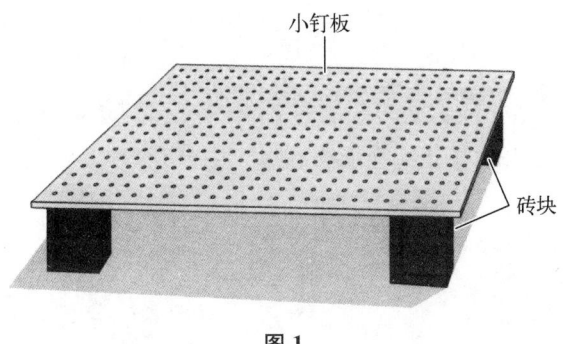

图 1

11. 迅速将碗倒扣在小钉板上(图 2)。透明的凝胶代表火山。

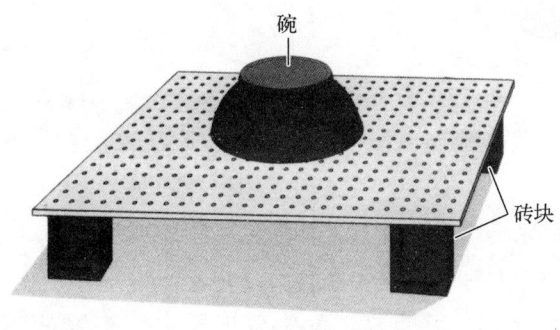

图 2

12. 将碗从凝胶上拿下来,将凝胶留在小钉板上(图 3)。
13. 将杯子的 2/3 注入凉水。
14. 在水里加入足以使水呈现出红色的红色食用色素。红色的水用来模拟岩浆。

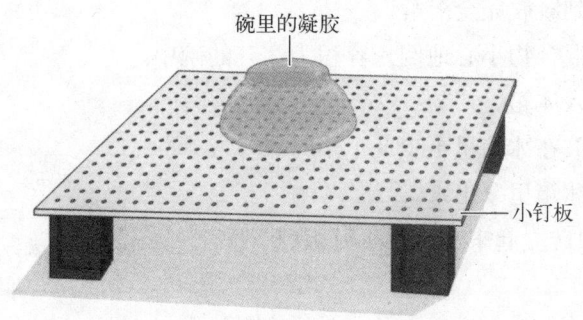

图 3

15. 用注射器抽取杯子里的红色的水(图4)。如果你看到注射器里有气泡,将注射器里的水推出一些让气泡消失。

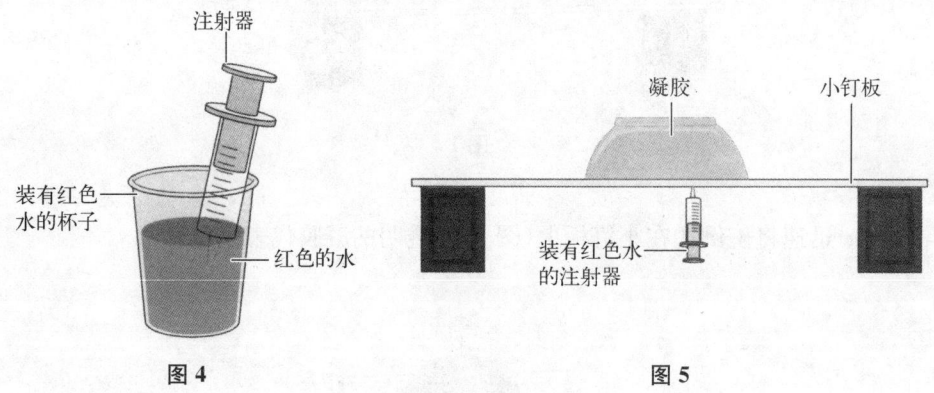

图 4　　　　　　　　　　图 5

16. 将注射器放在小钉板的下部,尽可能地从凝胶中心下方的小孔插入(图5)。

17. 将红色的水慢慢地从注射器注射到凝胶里。

18. 观察红色的水和凝胶发生了什么变化。

19. 将实验步骤15—18重复3次,将注射器从不同的位置插入凝胶,不再选择凝胶的中心点注入红色的水。

20. 俯视凝胶,将观察到的"岩浆"的情况画在一张纸上,将这幅图标注为"俯视图"。

21. 将凝胶模型切成两半(图6)。

22. 观察一个切割面并将你观察到的情况画下来(图7)。将这幅图标注为"横切面图"。

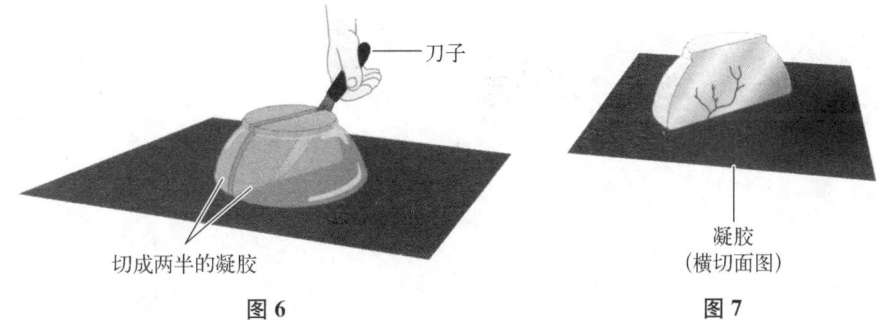

切成两半的凝胶　　　　　　　　凝胶
　　图 6　　　　　　　　　（横切面图）
　　　　　　　　　　　　　　　图 7

实验观察

1. 凝胶和红色的水是如何模拟在火山里流动的岩浆的？

2. 当你将红色的水注入凝胶时，你是否注意到了红色水的移动方式？

3. 比较俯视图和横切面图，思考如果你只画了其中一幅图，你是否会漏掉观察两幅图的差异？这些差异是什么？

我们的发现

请参见本书后面附录中"我们的发现"。

实验6　全球变暖

简　介

全球变暖,也被人们称作气候变化,主要由大气中二氧化碳含量的增加引起。尽管二氧化碳一直存在于空气中,但是大多数科学家认为燃烧化石燃料排放出了更多的二氧化碳。二氧化碳是一种温室气体,多排放出来的二氧化碳自然造成了温度微小但却是稳固的上升。人们认为全球范围的温度上升造成了冰川的融化,而冰川的融化又影响了野生动植物的生存。并且,全球变暖会带来更为严重的气候变化,例如一些地区的人们会遭受更多的强暴风雨、水灾甚至旱灾。

在本实验中,你将绘制一个图表。这个图表呈现出了20年间二氧化碳的释放量变化。根据表格里的数据,你可以判断在刚刚过去的20年里,影响全球气候变化的温室气体排放量是否有所增加。

实验时间

30分钟

实验材料

- 方格纸

- 铅笔

> **安全提示**
> 请仔细阅读并遵守本书前面的"实验前必读"中的"安全准则"。

实验步骤

1. 绘制图表(图1),横坐标轴(X轴)为二氧化碳的排放量。纵坐标轴(Y轴)为年代,起点为1990年。

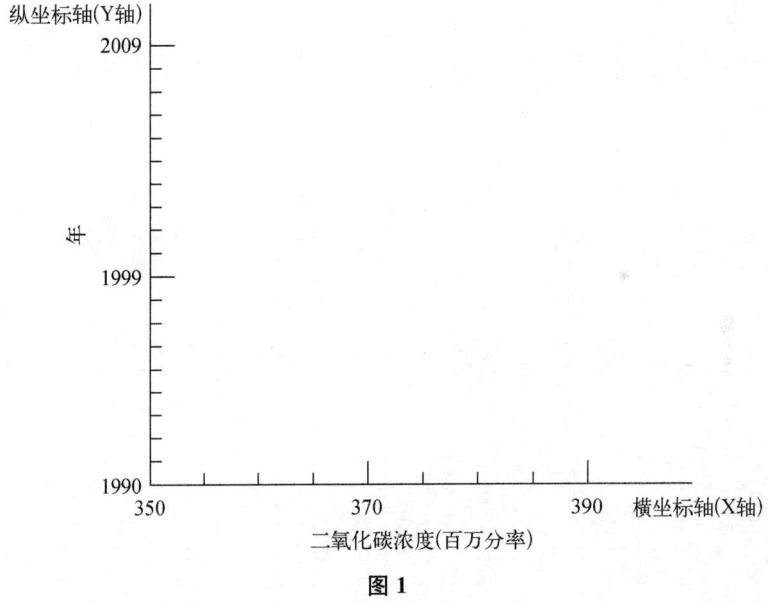

图1

2. 选择5月份作为一年的数据代表(即选择20年里每个5月份的二氧化碳排放量作为参考数据)。

3. 使用数据表绘制图表,第一个数据是1990年5月的二氧化碳排放量。将该数值视为1990年的二氧化碳排放量数据的代表,并将其画在图表上。

4. 重复实验步骤2,将1990年5月—2010年5月的二氧化碳排放量画在图表上。

实验6 全球变暖

数 据 表

大气二氧化碳、冒纳罗亚山气象台
(美国斯克利普斯研究所/国家海洋与大气管理局/地球系统研究实验室)二氧化碳月和年平均浓度(百万分率),1958年3月至2010年

年	1月	2月	3月	4月	5月	6月	7月	8月	9月	10月	11月	12月	全年平均
1958			315.71	317.45	317.5	317.11	315.86	314.93	313.20	312.61	313.33	314.67	
1959	315.62	316.38	316.71	317.72	318.29	318.16	316.55	314.8	313.84	313.26	314.80	315.59	315.98
1960	316.43	316.97	317.58	319.02	320.02	319.59	318.18	315.91	314.16	313.83	315.00	316.19	316.91
1961	316.93	317.70	318.54	319.48	320.58	319.77	318.58	316.79	314.80	315.38	316.10	317.01	317.64
1962	317.94	318.55	319.68	320.63	321.01	320.55	319.58	317.40	316.26	315.42	316.69	317.70	318.45
1963	318.74	319.08	319.86	321.39	322.24	321.47	319.74	317.77	316.21	315.99	317.12	318.31	318.99
1964	319.57	320.11	320.76	321.79	322.24	321.89	320.44	318.70	316.70	316.79	317.79	318.71	319.62
1965	319.44	320.44	320.89	322.13	322.16	321.87	321.39	318.80	317.81	317.30	318.87	319.42	320.04
1966	320.62	321.59	322.39	323.87	324.01	323.75	322.40	320.37	318.64	318.10	319.78	321.08	321.38
1967	322.06	322.50	323.04	324.42	325.00	324.09	322.55	320.92	319.31	319.31	320.72	321.96	322.16
1968	322.57	323.15	323.89	325.02	325.57	325.36	324.14	322.03	320.41	320.25	321.31	322.84	323.04
1969	324.00	324.42	325.64	326.66	327.34	326.76	325.88	323.67	322.38	321.78	322.85	324.12	324.62
1970	325.03	325.99	326.87	328.14	328.07	327.66	326.35	324.69	323.10	323.16	323.98	325.13	325.68
1971	326.17	326.68	327.18	327.78	328.92	328.57	327.34	325.46	323.36	323.56	324.80	326.01	326.32
1972	326.77	327.63	327.75	329.72	330.07	329.09	328.05	326.32	324.93	325.06	326.50	327.55	327.45
1973	328.55	329.56	330.30	331.50	332.48	332.07	330.87	329.31	327.51	327.18	328.16	328.64	329.68
1974	329.35	330.71	331.48	332.65	333.15	332.13	330.99	329.17	327.41	327.21	328.34	329.50	330.17
1975	330.68	331.41	331.85	333.29	333.91	333.40	331.74	329.88	328.57	328.35	329.33	330.55	331.08

续表

大气二氧化碳·冒纳罗亚山气象台
(美国斯克利普斯研究所/国家海洋与大气管理局/地球系统研究实验室)二氧化碳月和年平均浓度(百万分率)·1958年3月至2010年

年	1月	2月	3月	4月	5月	6月	7月	8月	9月	10月	11月	12月	全年平均
1976	331.66	332.75	333.46	334.78	334.79	334.05	332.95	330.64	328.96	328.77	330.18	331.65	332.05
1977	332.69	333.23	334.97	336.03	336.82	336.10	334.79	332.53	331.19	331.21	332.35	333.47	333.78
1978	335.09	335.26	336.61	337.77	338.00	337.98	336.48	334.37	332.33	332.40	333.76	334.83	335.41
1979	336.21	336.64	338.13	338.96	339.02	339.20	337.60	335.56	333.93	334.12	335.26	336.78	336.78
1980	337.80	338.28	340.04	340.86	341.47	341.26	339.34	337.45	336.10	336.05	337.21	338.29	338.68
1981	339.36	340.51	341.57	342.56	343.01	342.52	340.71	338.51	336.96	337.13	338.58	339.91	340.11
1982	340.92	341.69	342.87	343.83	344.30	343.42	341.85	339.82	337.98	338.09	339.24	340.67	341.22
1983	341.42	342.67	343.45	345.08	345.75	345.32	343.93	342.08	340.00	340.12	341.35	342.89	342.84
1984	343.87	344.59	345.29	346.58	347.36	346.80	345.37	343.06	341.24	341.54	342.90	344.36	344.41
1985	345.08	345.89	347.49	348.02	348.75	348.19	346.49	344.70	343.04	342.92	344.22	345.61	345.87
1986	346.42	346.95	347.88	349.57	350.35	349.70	347.78	345.89	344.88	344.34	345.67	346.89	347.19
1987	348.20	348.55	349.56	351.12	351.84	351.45	349.77	347.62	346.37	346.48	347.80	349.03	348.98
1988	350.23	351.58	352.22	353.53	354.14	353.64	352.53	350.42	348.84	348.94	349.99	351.29	351.45
1989	352.72	353.10	353.64	355.43	355.70	355.11	353.79	351.42	349.83	350.10	351.26	352.66	352.90
1990	353.63	354.72	355.49	356.10	357.08	356.11	354.67	352.67	351.05	351.36	352.81	354.21	354.16
1991	354.87	355.67	357.00	358.40	359.00	357.99	355.96	353.78	352.20	352.22	353.70	354.98	355.48
1992	356.08	356.84	357.73	358.91	359.45	359.19	356.72	354.77	352.80	353.21	354.15	355.39	356.27
1993	356.76	357.17	358.26	359.17	360.07	359.41	357.36	355.29	353.96	354.03	355.27	356.70	356.95

续 表

大气二氧化碳,冒纳罗亚山气象台（美国斯克利普斯研究所/国家海洋与大气管理局/地球系统研究实验室）二氧化碳月和年平均浓度（百万分率），1958年3月至2010年

年	1月	2月	3月	4月	5月	6月	7月	8月	9月	10月	11月	12月	全年平均
1994	358.05	358.80	359.67	361.13	361.48	360.60	359.20	357.23	355.42	355.89	357.41	358.74	358.64
1995	359.73	360.61	361.60	363.05	363.62	363.03	361.55	358.94	357.93	357.80	359.22	360.42	360.62
1996	361.83	362.94	363.91	364.28	364.93	364.70	363.31	361.15	359.41	359.34	360.62	361.96	362.36
1997	362.81	363.87	364.25	366.02	366.47	365.36	364.10	361.89	360.05	360.49	362.21	364.12	363.47
1998	365.00	365.82	366.95	368.42	369.33	368.78	367.59	365.81	363.83	364.18	365.36	366.87	366.50
1999	367.97	368.83	369.46	370.77	370.66	370.10	369.10	366.70	364.61	365.17	366.51	367.85	368.14
2000	369.07	369.32	370.38	371.63	371.32	371.51	369.69	368.18	366.87	366.94	368.27	369.62	369.40
2001	370.47	371.44	372.39	373.32	373.77	373.13	371.51	369.59	368.12	368.38	369.64	371.11	371.07
2002	372.38	373.08	373.87	374.93	375.58	375.44	373.91	371.77	370.72	370.50	372.19	373.71	373.17
2003	374.92	375.63	376.51	377.75	378.54	378.21	376.65	374.28	373.12	373.10	374.67	375.97	375.78
2004	377.03	377.87	378.88	380.42	380.62	379.66	377.48	376.07	374.10	374.47	376.15	377.51	377.52
2005	378.43	379.70	380.91	382.20	382.45	382.14	380.60	378.60	376.72	376.98	378.29	380.07	379.76
2006	381.36	382.19	382.65	384.65	384.94	384.01	382.15	380.33	378.81	379.06	380.17	381.85	381.85
2007	382.88	383.77	384.42	386.36	386.53	386.01	384.45	381.96	380.81	381.09	382.37	383.84	383.71
2008	385.42	385.72	385.96	387.18	388.50	387.88	386.38	384.15	383.07	382.98	384.11	385.54	385.57
2009	386.92	387.41	388.77	389.46	390.18	389.43	387.74	385.91	384.77	384.38	385.99	387.27	387.35
2010	388.54	389.87	391.07	392.46	392.96	392.03	390.10	388.15	386.80	387.17			

摘自网页 http://co2now.org/index.php?option=com_content&task=view&id=22&Itemid=1

5. 将你所画的数据点连接起来。

实验观察

1. 20年间二氧化碳含量是增加还是减少了？
2. 你为什么认为二氧化碳含量增加了？
3. 二氧化碳含量的增加是如何影响全球温度的？
4. 温度的变化是如何导致气候变化的？

我们的发现

请参见本书后面附录中"我们的发现"。

实验 7　地质学时标

简 介

地质学时标是一个将地层学与地球所发生的大事件的时间相关联的年表模型。地球所发生的大事件包括物种灭绝、岩石层的区别、某些特定种类化石的出现，等等。时间轴被划分为不同的时间单元，最大的单位是"超万古"，是由"万古"组成的。"万古"可以被进一步划分为"纪元"，"纪元"是由"世"组成的，而"世"可以被划分为"代"。英国地质学家亚瑟·霍姆斯（Arthur Holmes,1890—1965）编著出版了第一部地质学时标的书。他1913年编写该书时，提出地球的年龄是16亿年。如今，我们知道这个数字应该是46亿年。

在本实验中，你将自制一个地质学时标模板，将时间单位转变成距离标尺。

实验时间

2—3小时

实验材料

- 彩色铅笔
- 米尺

- 直尺(公制的)
- 5米长的现金收款机使用的纸卷
- 透明胶带
- 剪刀

安全提示

请仔细阅读并遵守本书前面的"实验前必读"中的"安全准则"。

实验步骤

使用数据表1中的信息(根据2010年4月27日的网址 http://oceans1.csusb.edu/ 所提供的表格),将数据表2中的时间从"年"转换成距离单位。

数 据 表 1

时 间		距 离				
10亿年	=	1米	或者	100厘米	或者	1 000毫米
1亿年	=	0.1米	或者	10厘米	或者	100毫米
1 000万年	=	0.01米	或者	1厘米	或者	10毫米
100万年	=	0.001米	或者	0.1厘米	或者	1毫米
10万年	=	0.0001米	或者	0.01厘米	或者	0.1毫米
1万年	=	0.00001米	或者	0.001厘米	或者	0.01毫米
1 000年	=	0.000001米	或者	0.0001厘米	或者	0.001毫米

数 据 表 2

事 件	时间间隔:距今……年	计算时间轴上的距离	
		开始	结束
前寒武纪	46亿年—5.44亿年		
元古代	25亿年—5.44亿年		

实验7 地质学时标

续 表

事 件	时间间隔：距今……年	计算时间轴上的距离	
		开始	结束
文德期	5.44 亿年—6.5 亿年		
寒武纪	5.44 亿年—5.05 亿年		
古生代	5.44 亿年—2.48 亿年		
显生宙	5.44 亿年—现在		
奥陶纪	5.05 亿年—4.4 亿年		
志留纪	4.4 亿年—4.1 亿年		
泥盆纪	4.1 亿年—3.6 亿年		
石炭纪	3.6 亿年—2.86 亿年		
二叠纪	2.86 亿年—2.48 亿年		
三叠纪	2.48 亿年—2.13 亿年		
中生代	2.48 亿年—6 500 万年		
侏罗纪	2.13 亿年—1.45 亿年		
白垩纪	1.45 亿年—6 500 万年		
古新世	6 500 万年—5 550 万年		
第三纪	6 500 万年—180 万年		
新生代	6 500 万年—现在		
始新世	5 550 万年—3 370 万年		
渐新世	3 370 万年—2 380 万年		
中新世	2 380 万年—530 万年		
上新世	530 万年—180 万年		
更新世	180 万年—8 000 年前		
第四纪	180 万年—现在		
全新世	8 000 年前—现在		

<table>

化 石 记 录

事 件	时间间隔：距今……年	时间单位	计算时间轴上的距离
早期细菌和藻类	34	亿年	
最早的动物证据（海蜇）	12	亿年	

续 表

化 石 记 录			
事 件	时间间隔：距今……年	时间单位	计算时间轴上的距离
早期多细胞生物	7	亿年	
第一批有脊柱的动物	5	亿年	
第一条鱼	4.9	亿年	
早期的陆地植物	4.3	亿年	
最早的两栖纲动物	4	亿年	
最早的爬行动物	3.25	亿年	
最早的恐龙	2.45	亿年	
早期的鸟和哺乳动物	1.8	亿年	
早期的开花植物	1.5	亿年	
恐龙灭绝	6 500	万年	
早期灵长目动物	6 000	万年	

人 类 存 在			
事 件	时间间隔：距今……年	时间单位	计算时间轴上的距离
南猿属灵长动物	300	万年	
直立猿人	130	万年	
尼安德特人	10	万年	
现代人	1	万年	

近期的人类事件			
事 件	现在的日期	几年之前	计算时间轴上的距离
维苏威火山爆发埋没庞贝城	公元 79 年		
人类第一次登月	公元 1969 年		
第一颗美国人造卫星进入太空轨道	公元 1958 年		
你的生日			

1. 从 46 亿年前的前寒武纪开始，将这段时间标注在纸卷上。这是时间轴上最远的过去时间点，所以你可以知道你究竟需要多长的纸卷。如果你用完了一个纸卷，将这个纸卷的末端粘在另一个纸卷上继续使用。

2. 继续标记地质事件。确定在纸卷上将这些事件标注出来。对于那些不是在某一时间点发生而是持续了一段时间的地质事件，确定要用一条线将这段时间的起始点和终结点连接在一起。

3. 在纸卷上标记化石记录、人类存在和更多近期的人类事件。如果一些事件发生在某一时间点，在纸上只画一个点就可以。你可以使用不同的颜色代表不同类型的事件。

实验观察

1. 与地质学时标上的其他事件相比，人类存在的时间和事件所对应的部分呈现出了什么特点？
2. 你从地质学时标上得到了哪些信息？
3. 科学家制作地质学时标时需要哪些信息？

我们的发现

请参见本书后面附录中"我们的发现"。

实验 8　温室气体

简　介

温室效应是指因为大气中存在某些能够吸收和释放放射线的气体而使地球变暖的现象。温室气体包括水蒸气、二氧化碳、甲烷和臭氧。如果没有这些气体,地球将会更凉爽一些。然而,许多科学家认为人们在几十年间燃烧化石燃料已经造成了这些温室气体(特别是二氧化碳)的增加。这使得地球的温度进一步升高。温度的升高带来了气候的改变,这影响了野生动植物及其栖息地。因为大量的事实证明了地球各处发生着气候变化,所以一些国家已经颁布了相关的规章制度来降低温室气体的排放。

在本实验中,你将模拟不同的大气气体并比较它们对大气温度的影响。

实验时间

15 分钟准备,1 小时完成

实验材料

- 2 个容积为 2 升的空瓶子
- 2 个适合上面 2 个空瓶子的带眼的塞子

- 2罐碳酸饮料
- 2支温度计
- 小块建模黏土
- 铅笔
- 2个标签
- 黑色签字笔
- 阳光充足的区域
- 钟表

安全提示

请仔细阅读并遵守本书前面的"实验前必读"中的"安全准则"。

实验步骤

1. 将2支温度计分别插入2个塞子里(图1)。

图1　　　　　　图2

2. 摇晃一罐碳酸饮料。
3. 小心地打开饮料罐,不要让水溢出来(图2)。
4. 等饮料罐里所有的气体释放后,再将碳酸饮料倒入一个2升的空瓶子里。
5. 用插有温度计的塞子封住瓶口(图3)。

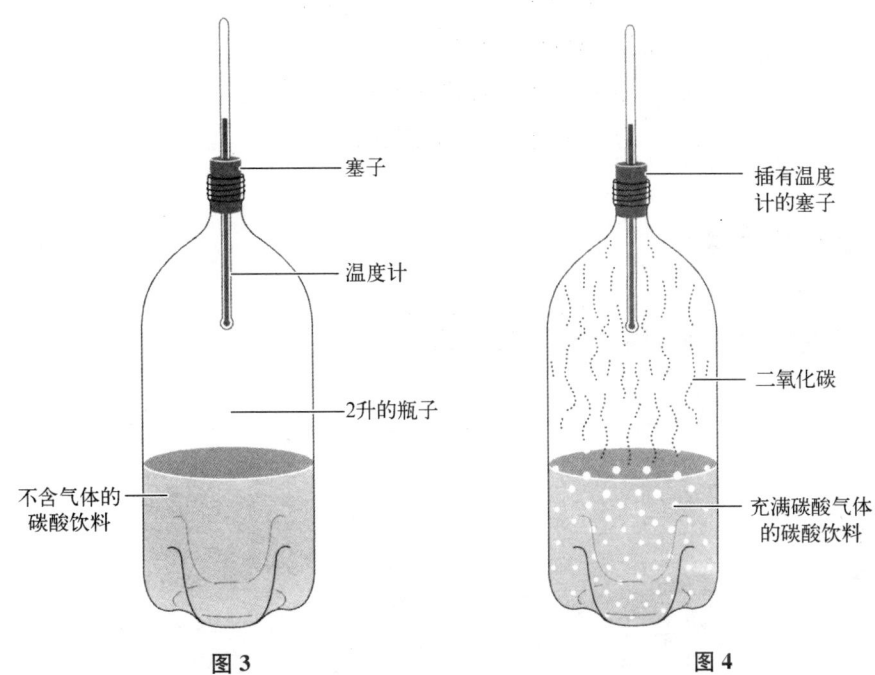

图3　　　　　　　　　图4

6. 将瓶子贴上"氮气/氧气"的标签。因为瓶子里剩下的气体几乎与你周围的气体一样(即主要为氮气和氧气)。

7. 小心地将第二罐碳酸饮料拿过来。注意不要摇晃饮料罐。打开饮料罐并迅速地将碳酸饮料倒入另一个空瓶子里。

8. 迅速地用另一只带温度计的塞子封住瓶口。

9. 晃动瓶子,让碳酸饮料发生碳化作用。尽量避免将温度计弄湿。尽管湿的温度计并不影响实验(图4)。

10. 将这个瓶子贴上"二氧化碳"的标签。碳酸饮料发生碳化作用时释放出的气体就是二氧化碳。

11. 将2个瓶子放在有光照的地方大约1小时。

12. 1小时后,观察两个温度计上的温度。

实验观察

1. 2个温度计上的温度有差异吗?如果有,哪个瓶子上的温度计的读数更高?

2. 为什么要让一个碳酸饮料罐中的饮料发生碳化反应之后才将饮料倒入瓶子里，而另一罐饮料却没有这么处理？

3. 这个实验是如何模拟温室气体影响的？

4. 温室气体可以影响地球，你是如何理解的？

我们的发现

请参见本书后面附录中"我们的发现"。

实验 9　制造闪电

简　介

闪电是有雷暴时出现的放电现象。另外,在火山喷发和发生沙尘暴时也会产生闪电。闪电的速度为 6 万米/秒,其温度高达 30 000℃。最为常见的闪电是云地闪电,发生云地闪电时,空中的积雨云会向地面放电。因为光比声音的传播速度快,所以我们先看到闪电,之后才会听到雷声。尽管闪电是暴风雨产生的,可是人们还可以利用其他的方法产生电能并放电:例如,人们可以制造小火花或者微弱的闪电,这便是人们应用其他方法产生电能并放电的。

在本实验中,你将积聚电荷并且模拟微弱闪电,以此形式进行放电。

实验时间

20 分钟

实验材料

- 一张大塑料布(例如干洗店拿回来的衣物塑料罩)
- 胶皮手套
- 带塑料手柄的钢锅(不能使用铝锅)

- 铁叉或钢叉
- 桌子
- 胶带
- 可以关掉电灯而变黑暗的房间
- 1个控制开关的助手
- 计时器、时钟或手表

安全提示

请仔细阅读并遵守本书前面的"实验前必读"中的"安全准则"。保持警惕,避免触电。

实验步骤

1. 把塑料布铺在桌子上。
2. 用胶带把塑料布固定在桌子上以防移动(图1)。

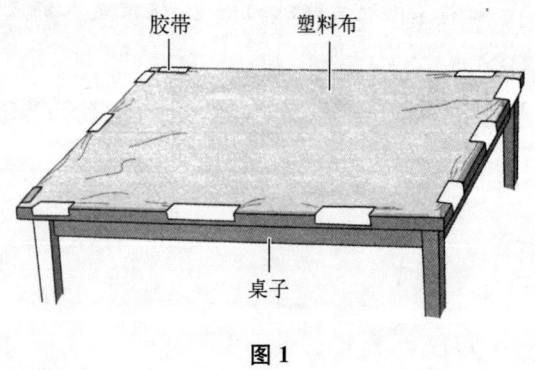

图 1

3. 戴上胶皮手套。
4. 握紧手柄,拿住钢锅。
5. 在塑料布上反复摩擦锅底约 30 秒(图2)。
6. 让助手迅速把灯关掉,使屋子变黑。
7. 用一只手抓住钢锅手柄,另一只手拿钢叉。

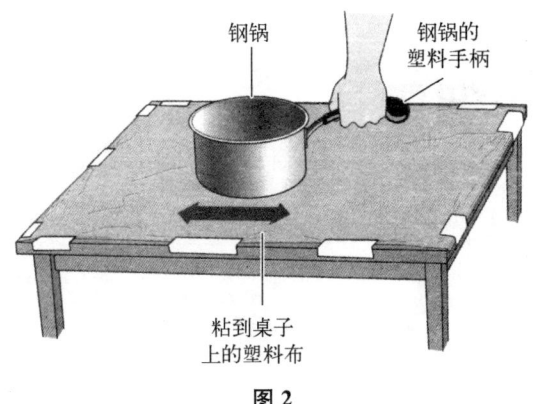

图 2

8. 将叉子向锅移动（图3）。当钢叉离锅1.3厘米远时，你会看到火花。

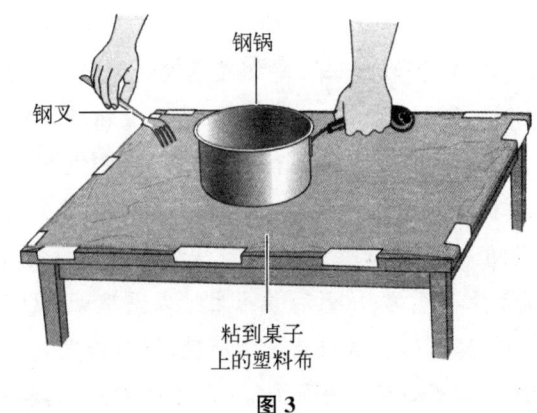

图 3

实验观察

1. 把自己观察到的现象描述一下。
2. 你制造的闪电和暴风雨中的闪电有何关联？
3. 为什么握住锅的塑料手柄时需要戴上胶皮手套？

我们的发现

请参见本书后面附录中"我们的发现"。

实验9 制造闪电

实验10　烟雾

简介

　　光化烟雾(即众所周知的烟雾)是挥发性有机化合物、氮氧化物和阳光通过一系列光化反应产生的。光化反应会产生微粒物质和臭氧。烟雾主要是由汽车和工业排放物以及燃烧煤造成的污染引起的。虽然在交通发达、干燥的地区烟雾最为常见，但烟雾也可以被风吹到其他地区。烟雾对人类健康有害，尤其对老年人、心脏病人、患有呼吸道疾病的病人以及儿童有更大的危害。烟雾会让人气喘、咳嗽和并产生呼吸困难等症状。相比之下，有些地区更容易积累烟雾，这不仅仅是污染所致，还可能是暖空气积聚的地区更容易将烟雾困住，阻止烟雾向周围扩散，所以这些地区更容易积聚烟雾。
　　在本实验中，大家会制造容易产生烟雾的环境，观察烟雾是如何在一个地方聚集的。

实验时间

40分钟

实验材料

- 无盖的鞋盒

- 2个纸巾筒芯
- 1大块建模黏土
- 蜡烛
- 2根火柴,约23.3厘米长
- 塑料保鲜膜(能完全把鞋盒盖上)
- 1卷透明胶带
- 1张纸巾
- 剪刀
- 铅笔
- 钟表

安全提示

请仔细阅读并遵守本书前面的"实验前必读"中的"安全准则"。建议在成年人的监督下做实验。靠近火苗进行操作时一定要小心,旁边一定要准备一个灭火器。

实验步骤

1. 将鞋盒较长的侧面放在地上,把一个纸巾筒芯放在鞋盒的上面。用铅笔围着纸巾筒芯画一个圆(图1)。

2. 把另一个纸巾筒芯放在距第一个纸巾筒芯几厘米远的地方,重复实验步骤1。

3. 用剪刀剪下所画的两个圆。

4. 把纸巾筒芯插入刚剪好的两个圆孔中,用胶带粘好,让纸巾筒芯和鞋盒间没有缝隙(图2)。纸巾筒芯应该插入鞋盒约5.1厘米。

5. 把建模黏土直接放入其中一个

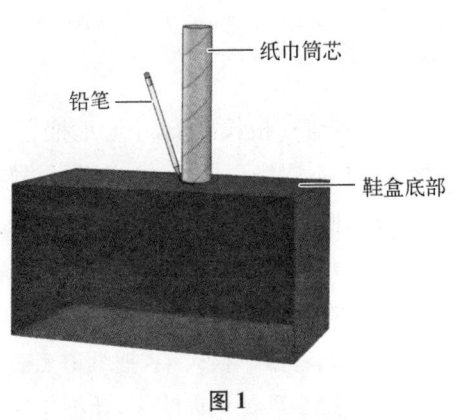

图1

实验10 烟雾

纸巾筒芯底部。

6. 把蜡烛插入建模黏土里,固定蜡烛。蜡烛烛芯顶端至少离纸巾筒芯顶端5.1厘米(图3)。

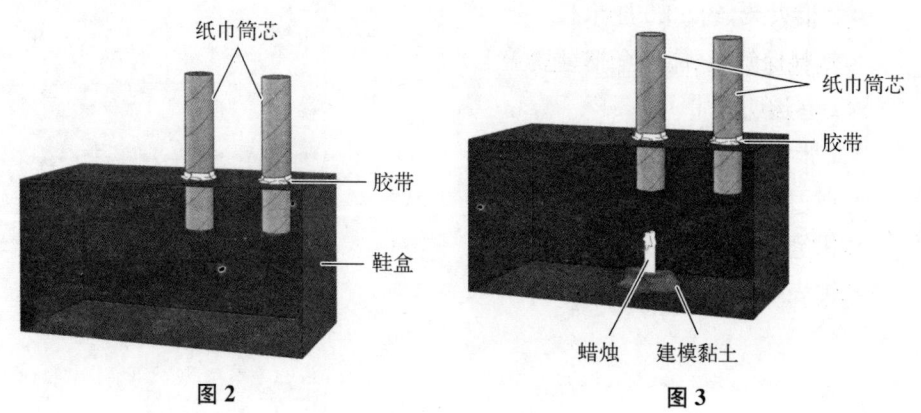

图2 图3

7. 将保鲜膜覆盖在鞋盒开口的一面上(图4)。
8. 用胶带把保鲜膜和鞋盒四边粘严实,确保没有开口(图4)。

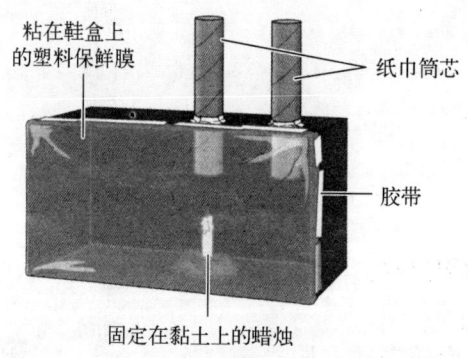

图4

9. 划着一根长火柴,小心地把它伸进下方放置蜡烛的纸巾筒芯里。点燃蜡烛。小心不要烧到自己,注意不要将鞋盒和纸巾筒芯点燃。

10. 吹灭火柴。

11. 耐心等待5分钟。

12. 把纸巾弄皱。

13. 划着另一根火柴,把纸巾点着(小心不要烧到自己)。

14. 过5秒钟把火吹灭,让纸巾冒烟。

15. 把冒烟的纸巾放到没有插蜡烛的纸巾筒芯的上方。
16. 观察烟雾发生了什么变化。

实验观察

1. 烟雾发生了什么变化?
2. 为什么烟留在鞋盒里了?
3. 你认为这个实验是如何模拟光化烟雾的?
4. 为什么在有烟雾的天气里,待在户外对身体不好?

我们的发现

请参见本书后面附录中"我们的发现"。

实验 11 风化

简 介

风化是指岩石暴露在地球的大气条件下发生破碎的现象。注意不要混淆风化和侵蚀两个概念。侵蚀不仅包括岩石的风化,也包括风、冰、水、地球重力或生物有机体把岩石及其碎片剥离并搬运到其他的地方的现象。而物理风化,也称为力学风化,是指岩石在大气条件下(如冰、水、热和压力)发生破碎;另外一种风化是化学风化,这是生物或化学作用力造成的,例如氧化和酸雨中酸的作用(不是指雨本身造成的影响,雨本身造成的影响是力学风化)。

在本实验中,你将模拟风化效果并观察其结果。

实验时间

10分钟准备
1周完成

实验材料

- 2把黏土
- 塑料保鲜膜,能完全包住黏土

- 冰箱冷藏室
- 阳光充足的平坦表面
- 铅笔

安全提示

请仔细阅读并遵守本书前面的"实验前必读"中的"安全准则"。

实验步骤

1. 尽量保证两把黏土数量相同。
2. 用手把两把黏土搓成两个圆球(图1)。
3. 观察两块黏土,把观察到的结果填入数据表。
4. 用塑料薄膜把两个黏土球包紧。
5. 把一个黏土球放入冰箱冷藏室。
6. 把另一个黏土球放在阳光充足的平坦表面。
7. 24小时后,把两个黏土球从塑料薄膜中取出来。
8. 观察两块黏土,把观察到的结果填入数据表。
9. 再把它们重新包好,各自放回原来的地方(冰箱冷藏室和阳光充足的地方)。
10. 每天重复实验步骤7—9,坚持一周。

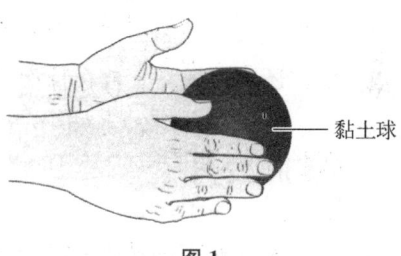

图1

数 据 表

天 数	简单描述冷冻黏土的状态	简单描述日晒黏土的状态
1		
2		
3		
4		

实验11 风化

续 表

天　数	简单描述冷冻黏土的状态	简单描述日晒黏土的状态
5		
6		
7		

实验观察

1. 一天后,你观察到两块黏土有什么区别?
2. 几天后这种差别更明显了吗?
3. 这个实验是如何模拟岩石风化的?
4. 你还可以把黏土放在什么地方以模拟风化?

我们的发现

请参见本书后面附录中"我们的发现"。

实验 12　板块边界

简　介

板块边界通常都位于岩石圈边缘,是由地壳和上地幔组成的。板块边界存在3种形式:聚合型边界、分离型边界和转换型边界。聚合型边界是指相邻的大板块之间相互挤压。分离型边界是指板块之间相互排斥、分离。而转换型边界是指相邻的板块互相水平划过。消减带和大陆板块碰撞地带是典型的聚合型边界。大洋中脊(例如中大西洋中脊)是较为常见的分离型边界。较为常见的转化型边界是地震断层——例如美国加利福尼亚州的圣安德烈亚斯断层(San Andreas Fault)。

在本实验中,你将标出上周地震活动的位置,并利用此信息推测板块边界的位置。

实验时间

45分钟

实验材料

- 5支不同颜色的铅笔
- 可以上网的计算机

> **安全提示**
>
> 请仔细阅读并遵守本书前面的"实验前必读"中的"安全准则"。

实验步骤

1. 访问美国地理服务网站 http://earthquake.usgs.gov。
2. 查找上周有关地震活动的信息。
3. 在数据表中记录 5 天以来每天大于、等于 3 级的 8—10 次地震情况,包括日期、震级、纬度和经度。
4. 利用数据表中填入的地震信息,找到地图上准确的经度纬度。将地震地点标注在地图上。不同日期用不同颜色的铅笔标注。
5. 观察你标注的地图。

数 据 表

日 期	震 级	纬 度	经 度

数 据 表

日 期	震 级	纬 度	经 度

数 据 表

日 期	震 级	纬 度	经 度

数 据 表

日 期	震 级	纬 度	经 度

实验 12　板块边界

续表

日　期	震　级	纬　度	经　度

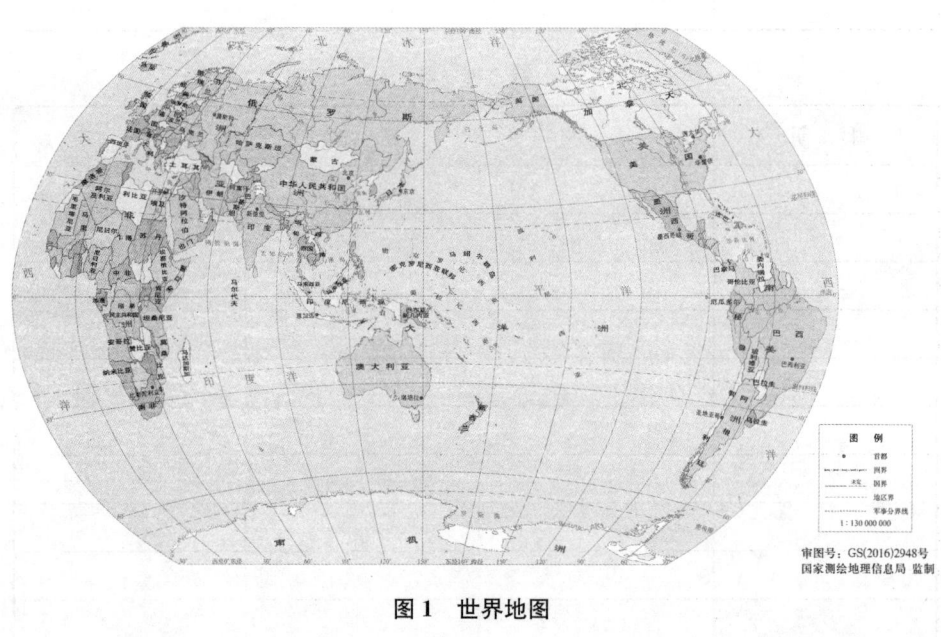

图1　世界地图

实验观察

1. 世界上是否有些地区在一周时间里发生了多次地震？如果有，是哪些地区？
2. 在一周时间里是否有一天完全没有地震发生？解释原因。

3. 根据你标注的地图，你认为板块边界在哪里？请在你认为是板块边界的地方画上线。

我们的发现

请参见本书后面附录中"我们的发现"。

实验 13　制作赫尔-肖氏模型

简　介

赫尔-肖氏模型（Hele-Shaw Cell）是以英国汽车工程师亨利·塞尔比·赫尔-肖（Henry Selby Hele-Shaw, 1854—1941）的名字命名的。他以取得的众多成就闻名于世，其中有著名的流体实验和以其名字命名的赫尔-肖氏模型。赫尔-肖氏模型是用来观察原本是三维立体的物体所呈现出来二维图像的工具。人们通常使用赫尔-肖氏模型观察黏性液体的特性。该模型也可以用来观察沉积物的沉积形式。

在本实验中，你将制作一个赫尔-肖氏模型。并在下一个实验中使用该模型。

实验时间

25 分钟

实验材料

- 干净的 CD 光盘盒或 DVD 光碟盒
- 3 支木制铅笔
- 削笔刀

- 塑料漏斗
- 几段遮蔽胶带
- 直尺

安全提示

请仔细阅读并遵守本书前面的"实验前必读"中的"安全准则"。

实验步骤

1. 打开 CD 盒。
2. 清除里面的纸张。
3. 如果 CD 盒后面有小孔,请用遮蔽胶带粘好。
4. 将 CD 盒盖上片从折页上拿下来(图1)。

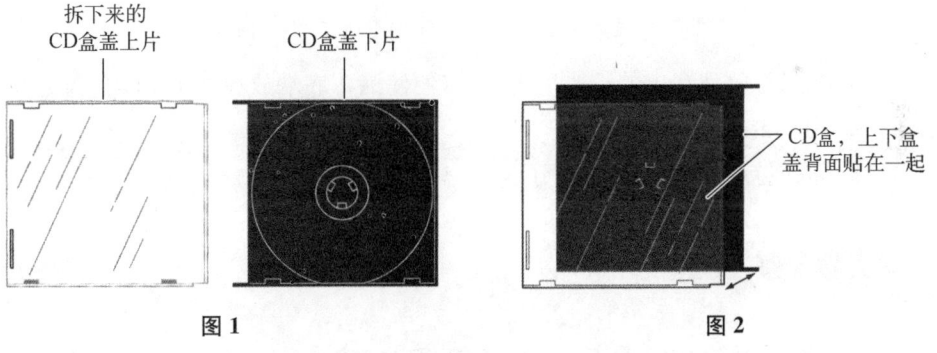

图1　　　　　　　　　　　　　图2

5. 把 CD 盒盖上下片翻转过来,让两个盒盖平坦的一面贴在一起。
6. 将铅笔放在两个盒盖的最底部,并用胶带将铅笔粘好固定(图3)。
7. 用削笔刀把一支铅笔削得和 CD 盒盖一样高。
8. 将这支铅笔放在与折页相对的一侧,粘好固定(图4)。
9. 削好另一支铅笔,长度比 CD 盒高 3 厘米。
10. 把这支铅笔放在折页一侧,用胶带将其粘好固定(图4)。

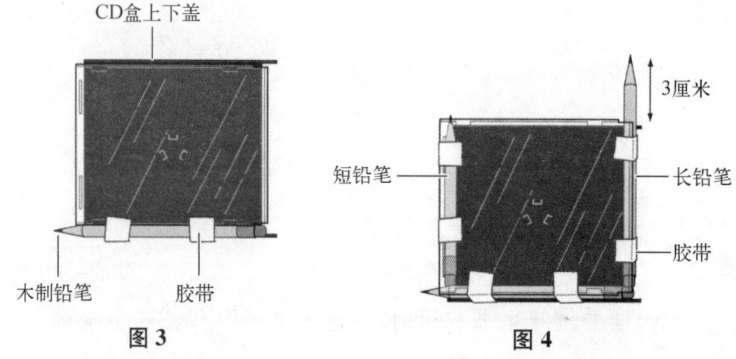

图 3　　　　　　　　　　　图 4

11. 除了盒盖的顶端没放铅笔外，其他三边都用胶带将铅笔及其接触面封好。不留任何缝隙（图 5）。

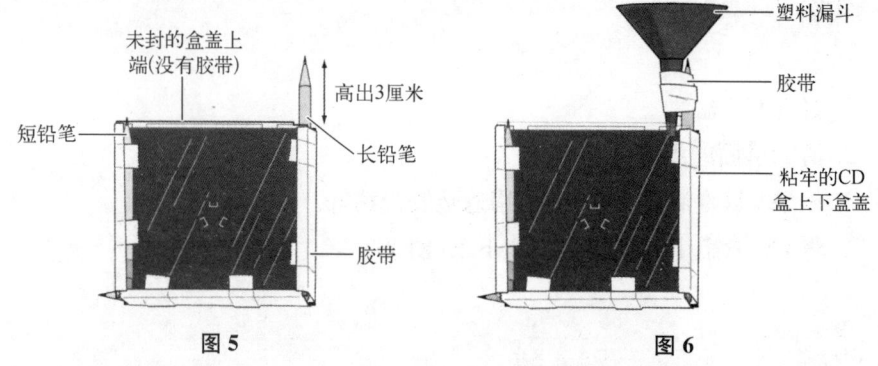

图 5　　　　　　　　　　　图 6

12. 把漏斗放到支出的长铅笔内侧，以便使漏斗底端放在两个 CD 盒盖之间（图 6）。用胶带把漏斗固定。

13. 你的赫尔-肖氏模型制好了！

实验观察

1. 为什么我们要在 CD 盒上下盖之间留出空隙？
2. 为什么要留出尽量狭窄的空隙？
3. 我们想用这种装置测试什么？

我们的发现

请参见本书后面附录中"我们的发现"。

实验 14　使用赫尔-肖氏模型

简介

沉积是指悬浮在水中或者液体中的沉积物或者颗粒沉淀的过程。这些沉积物是经过长时间的堆积形成的,它们沉积于水底或者某些固体物质的侧面。不同的沉积物沉积的角度不同,它们绝对不是呈水平沉积的。泥沙长期沉积形成沉积岩。地理学的一个分支——地层学,就是专门研究岩层的学科。地理学家通过观察沉积岩的岩层来了解岩石。这些岩层实际上是三维立体的,所以当我们看到两维的剖面图时,我们并不能看到岩层的全貌。然而,赫尔-肖氏模型能够使我们在二维的视角下看到沉积过程中发生的一些真实的现象。

在本实验中,你将使用赫尔-肖氏模型研究沉积和地层的一些模式。

实验时间

60 分钟

实验材料

- 赫尔-肖氏模型(见实验 13)
- 索引卡

- 量角器
- 几段透明胶带
- 1/4 杯(50 毫升)沙子
- 1/4 杯(50 毫升)盐
- 1/4 杯(50 毫升)糖
- 1/4 杯(50 毫升)大米
- 1/4 杯(50 毫升)扁豆
- 平面(例如桌面)
- 钢笔或铅笔

安全提示

请仔细阅读并遵守本书前面的"实验前必读"中的"安全准则"。

实验步骤

1. 把赫尔-肖氏模型竖直放在桌面上(图1)。

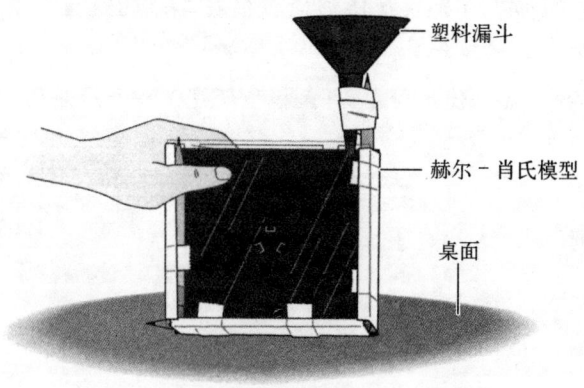

图1

2. 将 1/4 杯(50 毫升)沙子倒入漏斗,不要移动赫尔-肖氏模型。
3. 观察沙子的沉积方式,沙子并没有均匀地沉积,而是成坡型沉积。

4. **将索引卡粘在赫尔-肖氏模型外侧,让卡片底边与沙子斜坡对齐,卡片底角支在桌面上(图2)。**

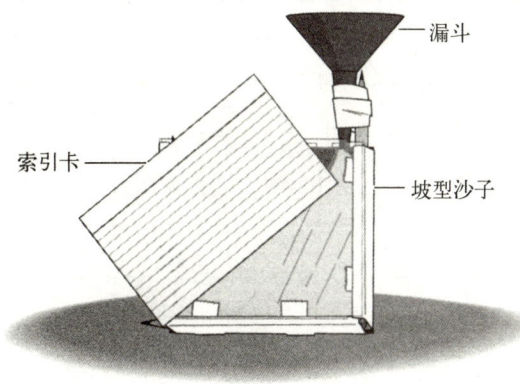

图 2

5. **把量角器放在桌面上赫尔-肖氏模型的前面,将索引卡底脚和量角器中心点对齐(图3)。**

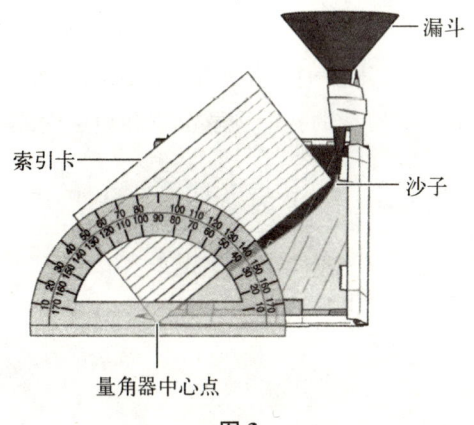

图 3

6. **用量角器测量沉积面的角度(图3)。**
7. **将测量的角度记录在数据表中。**
8. **将索引卡拿走。**
9. **将沙子倒出赫尔-肖氏模型。**
10. **将实验步骤1—9重复做两次。**
11. **算出沙子沉积面的平均角度。**

12. 将材料换成盐、糖、大米和扁豆,重复实验步骤1—11。

数 据 表

材料	沉积面角度1	沉积面角度2	沉积面角度3	沉积面平均角度 (3次测量的角度之和除以3)
沙子				
盐				
糖				
大米				
扁豆				

实验观察

1. 以上材料的沉积面角度相同吗?为什么?

2. 把每种材料的沉积面角度测量3次有什么好处?

3. 想一想,如果把一半是沙子、一半是盐的混合物倒入装置中,会形成什么角度的沉积面?为什么?(实践一下,看看自己的想法是否正确)

4. 赫尔-肖氏模型是如何帮助我们理解沉积和地层模式的?

我们的发现

请参见本书后面附录中"我们的发现"。

实验 15　岩石的转化循环

简　介

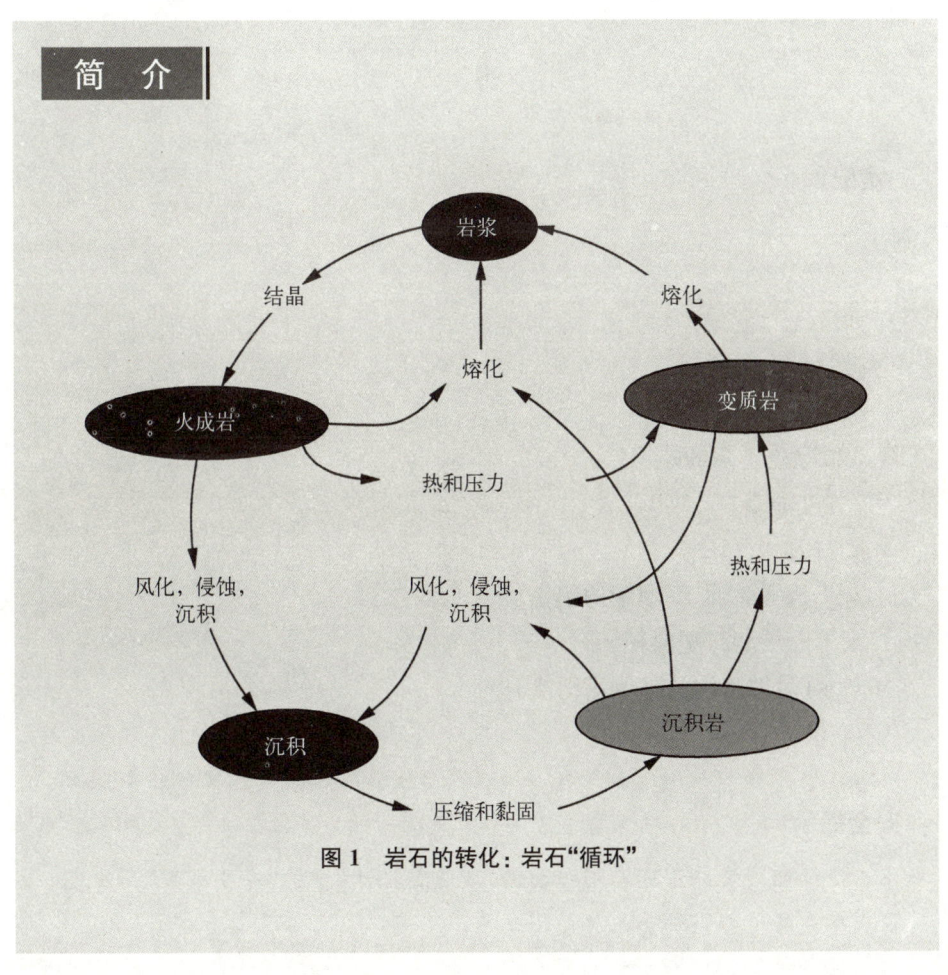

图 1　岩石的转化：岩石"循环"

我们总认为岩石是永远存在的。但是,岩石会随着时间的推移发生很多变化,岩石的存在形式也不断地变化着。我们将这种变化叫做岩石转化循环,这是个连续不断的过程。熔岩(即地表下的岩浆)一喷到地面,就开始冷却,进而形成火成岩。火成岩经受压力后形成变质岩。而变质岩经受侵蚀、沉淀和压缩(即众所周知的岩化过程)进而形成沉积岩。沉积岩,在压力和热的作用下,形成变质岩,变质岩再经过侵蚀、沉积和压缩后又形成了沉积岩。当沉积岩或变质岩在地壳下面被挤压时,就会被熔化成岩浆,而岩浆也许再次被喷发到地表经冷却形成火成岩。

在本实验中,你将模拟岩石转化循环过程,制作岩石转化循环过程中的3种主要岩石模型。

实验时间

45—60分钟

实验材料

- 3根颜色不同的蜡笔
- 3个小纸盘
- 塑料刀
- 1张15厘米×15厘米的铝箔
- 聚苯乙烯泡沫塑料杯
- 热水(足够将泡沫杯倒满两次)

安全提示

请仔细阅读并遵守本书前面的"实验前必读"中的"安全准则"。建议在成年人的监督下加热水和使用热水。

实验步骤

1. 拆掉 3 支蜡笔外包装纸。
2. 用塑料刀从一支蜡笔上削下碎末放到纸盘中。直到把蜡笔的大部分削成碎末,并把碎末堆成一堆儿(图 2)。

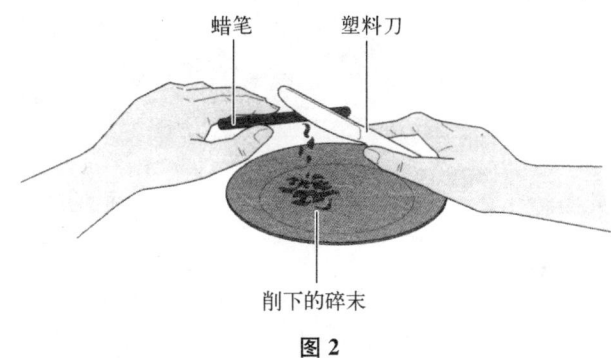

图 2

3. 重复实验步骤 2,将另外两支蜡笔的大部分也削成碎末,把不同颜色的蜡笔碎末分别放到不同的纸盘里。
4. 将第一个纸盘里的碎末倒在铝箔上。
5. 用铝箔将蜡笔碎末包好(图 3)。
6. 将铝箔包好的碎末使劲压到一起。

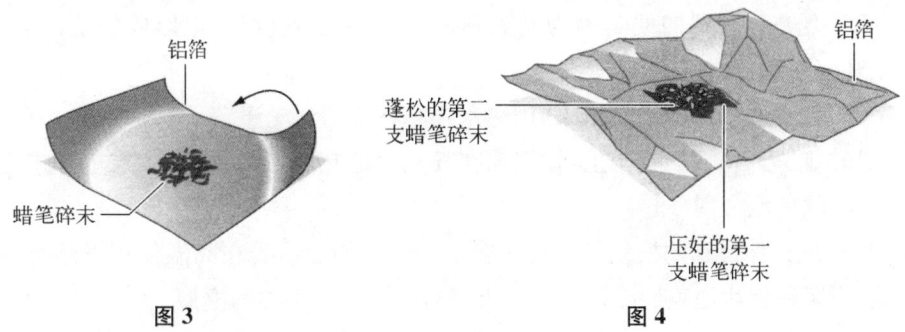

图 3　　　　　　　　　图 4

7. 小心地打开铝箔。
8. 将第二支蜡笔碎末倒在压好的第一支蜡笔碎末上(图 4)。
9. 重复实验步骤 5—7。

实验 15　岩石的转化循环　65

10. 重复实验步骤 8—9,将第三支蜡笔碎末处理好。

11. 现在你手中有了蜡笔碎末形成的"沉积岩模型",它是遭受侵蚀的沉积物受到挤压而收缩形成的。

12. 把"岩石"从铝箔上拿下来。

13. 将杯子的 3/4 注满热水。

14. 调整好铝箔,让其撑住"岩石"并能漂浮在杯子里的水面上(图5)。

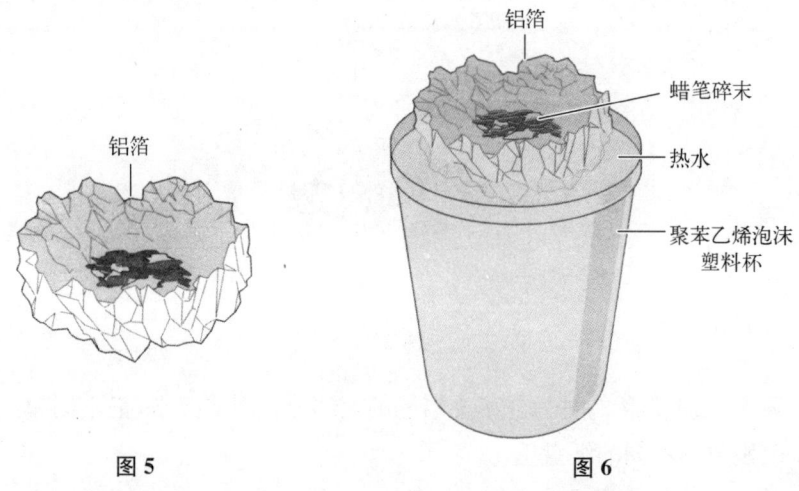

图 5   图 6

15. 把撑住"岩石"的铝箔放在装有热水的杯子里(图6)。

16. 当蜡笔中的蜡开始变软、旋动,但还没能完全融化混合在一起时,立刻取出铝箔和铝箔上的"岩石"。

17. 现在你得到的便是因为受到热和压力,由沉积岩转化形成的变质岩。仔细观察变质岩的模型。

18. 把现在冷却的水倒出来,用热水再将杯子的 3/4 注满。

19. 把"岩石"放回铝箔上,让铝箔在杯子里的热水上漂浮,直到蜡笔碎末完全融化,颜色混合到一起。

20. 现在你得到的模型便是火成岩。地表下的变质岩在高温作用下熔化成岩浆,岩浆在到达地表后冷却形成了火成岩。仔细观察你的模型。

实验观察

1. 沉积岩、变质岩和火成岩在外表上有什么差异?

2. 破碎的火成岩最后变成沉积岩可能经历了什么过程?
3. 为什么有"岩石转化循环"这个术语?

我们的发现

请参见本书后面附录中"我们的发现"。

实验16　岩石的多孔性

简　介

我们认为岩石是坚实的固体,而实际上它们并非完全如此。侵蚀使岩石变成了沉积岩。因为侵蚀,小块的土被水冲到河流下游或被风吹走,最后在某个地方停下来,层层堆积。当这些土层受到压力时,便形成了沉积岩。这种方式形成的沉积岩,即由土或沙子构成的沉积岩,颗粒之间一定会有孔隙。例如,砂岩是沙层受力形成的,尽管砂岩颗粒之间的孔隙小到只能用显微镜才能观察到,这些小孔仍然是存在的。岩石的多孔性因岩石构成成分不同而存在差异。

在本实验中,你将测试组成砂岩的不同物质的多孔性。

实验时间

40分钟

实验材料

- 350毫升砾石
- 350毫升沙子
- 350毫升泥沙

- 3个大烧杯
- 1个100毫升量杯
- 水(实验地点最好离水龙头近些)
- 3个标签
- 黑色签字笔
- 计算器

安全提示

请仔细阅读并遵守本书前面的"实验前必读"中的"安全准则"。

实验步骤

1. 将350毫升的砾石放到一只烧杯中。
2. 将烧杯贴上标签"砾石"(图1)。

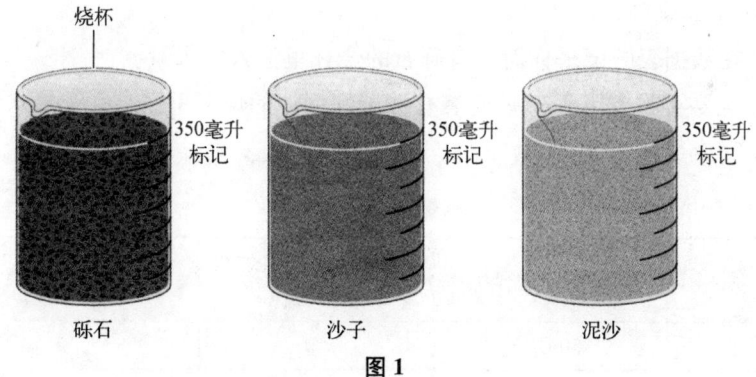

图1

3. 将第二只烧杯放入350毫升的沙子。
4. 将烧杯贴上标签"沙子"(图1)。
5. 将第三只烧杯放入350毫升的泥沙。
6. 将烧杯贴上标签"泥沙"(图1)。
7. 将100毫升的水注入量杯中。
8. 把量杯中的水注入装有砾石的烧杯中,直到水刚达到350毫升刻度处,即

实验16 岩石的多孔性

水刚刚没过砾石(图2)。如果需要更多的水,用量杯再次量出100毫升,继续向烧杯里注水。

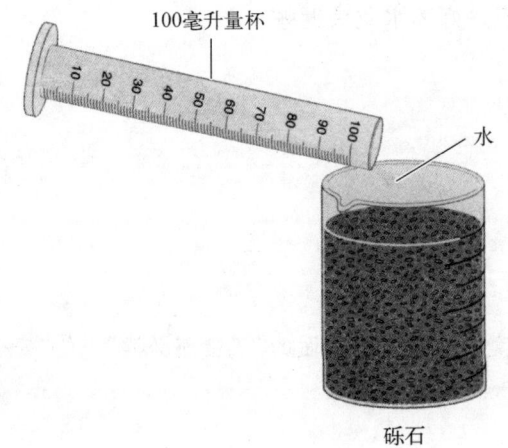

图 2

9. 观察量筒中还剩多少水,以便计算出向烧杯里注入水的总量。例如:如果最初的100毫升水还剩下55毫升,这说明你向烧杯里倒了45毫升水。如果最初的100毫升水不够,你又用量杯倒入了一些水,计算总水量时一定要记得加上最初的100毫升。

10. 在数据表中记录你向装有砾石的烧杯里注入的水量。

11. 重复实验步骤7—10,向装有沙子和泥沙的烧杯里注水并计算水量。

12. 完成数据表。

数 据 表

物 质	不同物质的容积	倒入烧杯里的水的容积	孔隙度=(水容积/物质容积)×100%
砾 石	350毫升		
沙 子	350毫升		
泥 沙	350毫升		

实验观察

1. 哪种材料孔隙度最高?

2. 哪一种材料的孔隙度最低？
3. 如果砂岩是以上这些材料构成的，你认为砂岩有孔隙吗？为什么？
4. 你认为孔隙是如何影响某种岩石重量的？

我们的发现

请参见本书后面附录中"我们的发现"。

实验 17　采矿

简　介

采矿这个术语描述的是人们从地下发掘有价值的物质。一般情况下，不能从土壤中生长或生产的东西都可能被开采。地下被开采的物质包括稀有金属（例如黄金）、普通金属、钻石和铀。然而，绝大多数物质都是通过地表开采发掘的。值得一提的是，矿物质不是以百分之百的纯度存在的，而是以富含稀有金属的矿石形式被开采出来的。矿石的价值取决于从岩石中提炼稀有矿物质所需的成本与稀有矿物质自身的价值的比值。非常遗憾的是，多年以来，尽管许多相关的规定已付诸实施，采矿依然对环境造成了很大影响。并且，采矿业还与安全问题息息相关。

在本实验中，你将通过和一两个同学比赛来了解采矿。

实验时间

20 分钟

实验材料

- 2 袋巧克力曲奇，用两种不同牌子的巧克力曲奇（必须保证其中一袋曲奇上的巧克力多一些）。

- 每人 1 张方格纸
- 每人 4 根扁牙签
- 每人 4 根圆牙签
- 每人 4 个回形针
- 每人 20 "美元" 纸币
- 每人 1 支铅笔
- 定时器

安全提示

请仔细阅读并遵守本书前面的"实验前必读"中的"安全准则"。

实验步骤

1. 用纸条代替美元,每人发 20 "美元",包括你自己。
2. 每人发 1 张方格纸,包括你自己。
3. 巧克力曲奇是"采矿区",里面蕴藏稀有"矿物"巧克力。参与者每人要购买一块巧克力曲奇。请参考数据表 1 中的价格。
4. 购买物品时一定要记住你还需要"开采设备"。参与者在开采时不能直接用手触摸巧克力,需要购买采矿设备例如扁牙签、圆牙签和纸张(参考数据表 1 中的价格)。
5. 参与者要把买到的曲奇放在方格纸上,沿着曲奇四周画出它的轮廓。
6. 游戏的目的是使用开采设备开采更多的蕴藏巧克力"矿藏"(图 1)。

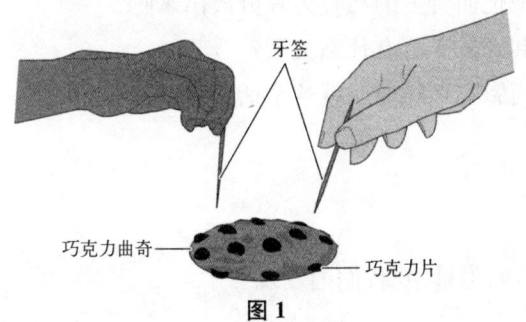

图 1

实验 17 采矿

7. 请阅读数据表 2 中的游戏规则。

数据表 1　价　　格

物　品　名　称	价　　格
含巧克力较少的曲奇	5 美元
含巧克力较多的曲奇	7 美元
扁牙签	2 美元
圆牙签	4 美元
回形针	6 美元

数据表 1　游　戏　规　则

曲奇轮廓画好后，禁止用手拿曲奇。必须使用"采矿设备"。
如果"采矿工具"损坏了，就不能继续使用。
尽可能多买些你需要的"采矿工具"。
在曲奇上开采"矿藏"巧克力 5 分钟。
采矿成本 1 分钟 1 美元——必须是整数 1 分钟。如果时间没到 1 分钟，还是以整 1 分钟计。参与者必须开采 5 分钟。
参与者每开采 1 块巧克力片就赚 2 美元。你可以把很多更加细小的巧克力屑放在一起形成一块巧克力片。
必须在 5 分钟之内，将自己的采矿区清理干净，确保曲奇及其碎屑都在自己方格纸的范围内。在 5 分钟之内，1 分钟成本价 1 美元。必须使用采矿工具清理采矿现场。
把自己的矿区彻底清理干净的选手，赢的钱更多。

实验观察

1. 你能轻易地把曲奇上的巧克力片分离出来吗？
2. 这种做法和开采矿石有什么关联？
3. 采矿是如何影响环境的？就这个话题，你可以展开进一步的研究。

我们的发现

请参见本书后面附录中"我们的发现"。

实验 18　太阳系

简 介

太阳系由星星、行星、小行星和其他天体组成。内太阳系指离太阳最近的区域,包括行星水星、金星、地球、火星和小行星。这些行星被称为类地行星,因为它们的表层都是由岩石组成的。外太阳系包括行星木星、土星、天王星、海王星、冥王星以及彗星。木星、土星、天王星和海王星是气体巨星,因为它们是由气体组成的。行星的质量越大,它的引力就越大,所以说,在一个比地球更大的星球上,我们会感受到比在地球上大得多的重力。

在本实验中,你将对构成太阳系的行星大小(还有矮行星冥王星)有所了解,并对它们的大小做比较。

实验时间

45 分钟

实验材料

- 大米
- 豌豆
- 咖啡豆

- 蓝莓
- 樱桃
- 猕猴桃
- 油桃
- 橘子
- 香瓜
- 南瓜(可用塑料水果代替,或者用同样大小的其他食品取代,例如软糖)
- 几张白纸
- 几张报纸
- 剪刀
- 直尺
- 米尺
- 彩色铅笔
- 透明胶带

安全提示

请仔细阅读并遵守本书前面的"实验前必读"中的"安全准则"。

实验步骤

1. 数据表提供了行星的大小以及行星与太阳之间距离的信息,按照这些信息摆放水果,水果大小要适中,但水果的大小并不是按照行星的比例确定的。

2. 观察和记录各自大小的差异。

3. 使用米尺,根据按比例尺缩微的太阳(图1)直径(见数据表)从报纸上剪下一个圆形。如果有必要,可以用胶带把几张报纸粘在一起,让面积更大些。

4. 依据数据表中按比例尺缩微的直径大小,剪好其他行星。

5. 用彩色铅笔给行星涂色。

6. 把太阳放在地板上。

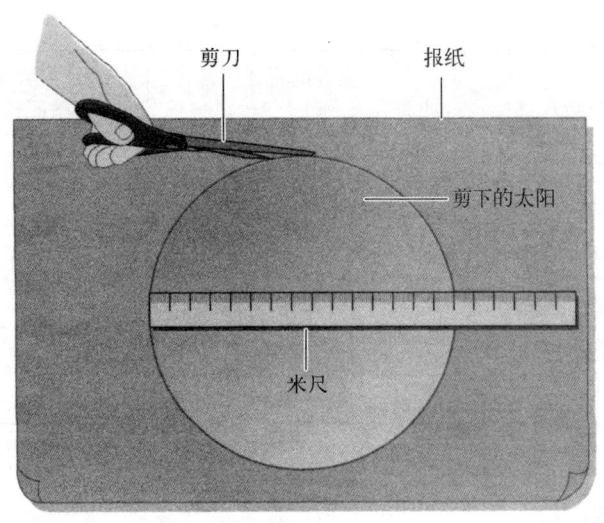

图 1

7. 按照离太阳的远近在地板上摆放各个行星。
8. 观察、记录行星的大小。

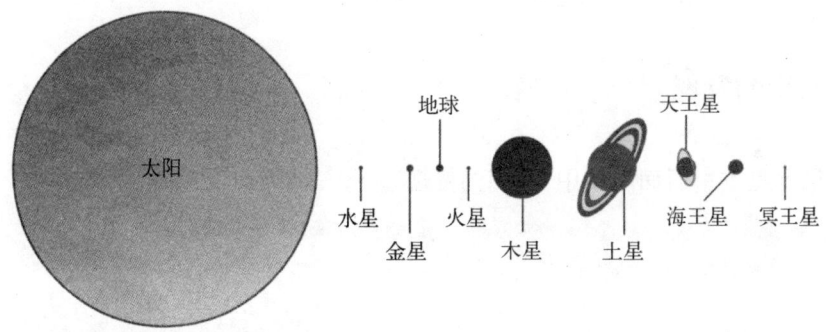

图 2

数 据 表

行星名称(按照与太阳之间的距离远近排序)	量好的直径 (缩微比例 10 亿分之一)	食品(大小并未完全按照行星比例)
太 阳	1 392 毫米	南 瓜
水 星	4.9 毫米	咖啡豆
金 星	12.1 毫米	蓝 莓
地 球	12.7 毫米	樱 桃

续 表

行星名称(按照与太阳之间的距离远近排序)	量好的直径 (缩微比例10亿分之一)	食品(大小并未完全按照行星比例)
火星	6.7毫米	豌豆
木星	142.8毫米	香瓜
土星	120.6毫米	橘子
天王星	51.3毫米	猕猴桃
冥王星	2.3毫米	油桃
海王星	49.1毫米	大米

实验观察

1. 你对行星的大小差异感到奇怪吗？为什么？
2. 行星的大小或者质量对引力有什么影响？
3. 为什么地球与太阳之间的距离很重要？

我们的发现

请参见本书后面附录中"我们的发现"。

实验 19　海市蜃楼——边缘层的反射和折射

简 介

　　海市蜃楼是一种光幻象,是远处物体的反射图像在边缘层(诸如在截然不同的空气夹层或空气和水的夹层)发生了光的折射从而变形出现的。冷空气比暖空气的折射率更高,这是由于冷空气较为稠密。大多数海市蜃楼景象都是在海洋或者沙漠里出现的。最常见的海市蜃楼是下现幻景,这是由于光从大气层穿过时发生了折射,使得物体显现出变形引起的。在很热的天气里,沿着公路朝地平线望去,很可能会看见这种景象。而上现幻景不太常见,就是大气层中会出现某种物体在海中的倒影。

　　在本实验中,你将制造引起光的折射和反射的两个边缘层,来模仿海市蜃楼。

实验时间

30 分钟

实验材料

- 透明的大烧杯

- 能将烧杯的 3/4 注满的自来水
- 能将烧杯的 1/4 注满的植物油
- 量杯
- 有灯泡的台灯
- 可以插台灯的电源插座
- 铅笔和纸张

安全提示

请仔细阅读并遵守本书前面的"实验前必读"中的"安全准则"。

实验步骤

1. 把烧杯的 3/4 注入水。这便是第一个边缘层(水/空气)。
2. 用台灯的光照射水的表面(图1)。

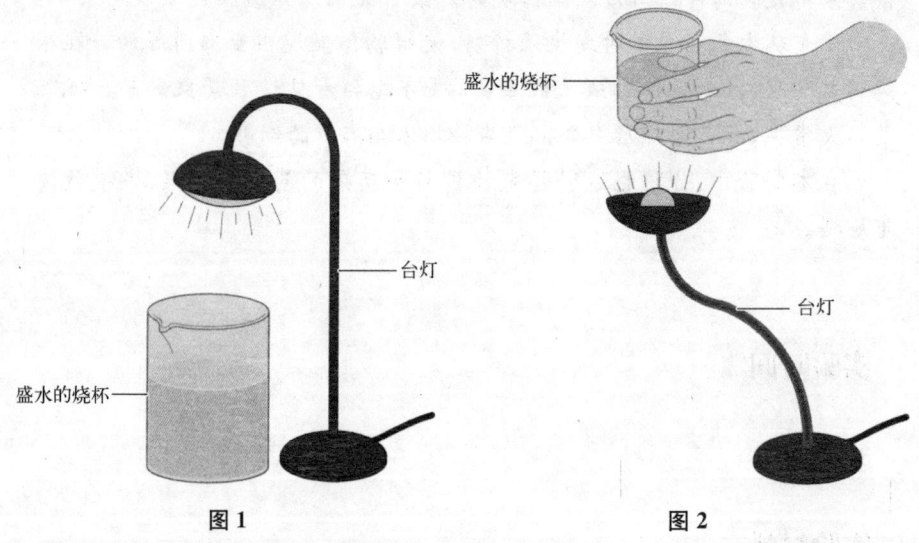

图1 图2

3. 从水面上方往下看。
4. 把观察到的光在水面上的反射情况记录在纸上。例如,水面像镜子吗?

5. 将台灯翻转让灯管朝上照射，放到烧杯的下面。也就是说，把烧杯端到灯光上方(图2)。

6. 把灯光的反射情况记录下来。

7. 把铅笔放入烧杯，让它靠在烧杯一侧，成一定的角度(图3)。

8. 从不同角度观察铅笔，例如从上方、下方和侧面观察。

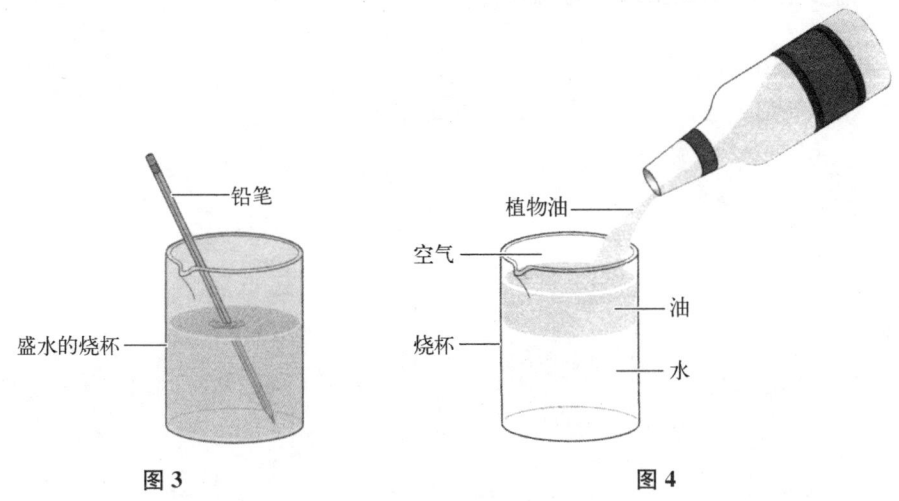

图 3　　　　　　　　　　图 4

9. 把观察到的铅笔情况记录下来。从不同的角度看，它看起来是直的还是弯的？

10. 取出铅笔。

11. 慢慢地从水的上方倒入植物油，倒到杯满为止，注意不能让植物油溢出来(图4)。这样就形成了两个边缘层(水/油，油/空气)。

12. 重复实验步骤2—10，特别要注意水油相接的边缘层反射和折射情况有什么不同？

实验观察

1. 当灯光照到烧杯的水面上时，你注意到了什么？

2. 当灯光从烧杯底部向上照射时，情况一样吗？

3. 铅笔看起来形状不同是因为从不同的角度看造成的吗？是什么让铅笔看起来不同？

4. 加入植物油后发生了什么变化?
5. 这个实验是如何模拟海市蜃楼的?

我们的发现

请参见本书后面附录中的"我们的发现"。

实验 20　月球

简 介

　　月球围绕着地球旋转。在旋转过程中,它出现了形状的变化。这些明显的变化便是众所周知的月相。月相周期从人们可以勉强看见的月牙形开始。当月亮变得大些时,我们可以看到新月的形状。之后,我们看到半轮月亮,这便是月相周期的第一个 1/4 所出现的上弦月。当人们可以看到月亮变的更大些时,就形成了盈凸月。最后,月亮成了清晰可见的一轮满月。满月过后,月亮形状开始缺失,或者说变小,便形成了缩小的亏凸月。之后,出现了月相周期的第三个 1/4,月亮的形状如月相周期的第一个 1/4,即缺失了一半。月亮继续缩小,再次变成新月直到最终又变成了几乎看不见的月牙形。月相变化是因为月球的一侧被太阳照亮,而另一侧一片漆黑。当月球围绕地球旋转时,我们看到了半轮亮的月亮,半轮昏暗的月亮,或者两者兼而有之,这给人们创造了一种幻象:人们以为月亮正在出现或正在消失。

　　在本实验中,你将制造一个食物月相模型。

实验时间

30 分钟

实验材料

- 3 块夹心饼干
- 纸盘
- 一管白色的蛋糕糖霜
- 钢笔或铅笔

安全提示

请仔细阅读并遵守本书前面的"实验前必读"中的"安全准则"。

实验步骤

1. 扭开一块夹心饼干,把它分成上下两片儿。
2. 把两片上的白色夹心去掉(你可以把其中一片饼干和两片白色夹心都吃掉)。
3. 用白色蛋糕糖霜做"胶水",把剩余的那块饼干粘到纸盘上部(图1)。

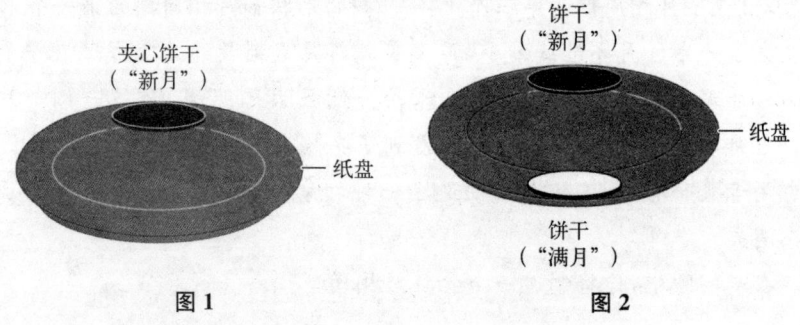

图1　　　　　　　　图2

4. 把刚才粘到纸盘上的饼干贴上标签,标注"新月"。
5. 重复实验步骤1—2,处理第二块饼干,一定保证在扭开饼干时,把所有的白色夹心放到一面上。
6. 用白色蛋糕糖霜把带有白色夹心的饼干粘到纸盘的底部(图2)。
7. 将饼干标记为"满月"。

8. 重复实验步骤1—2,这次确保两片夹心饼干上都粘有半块白色夹心(图3)。

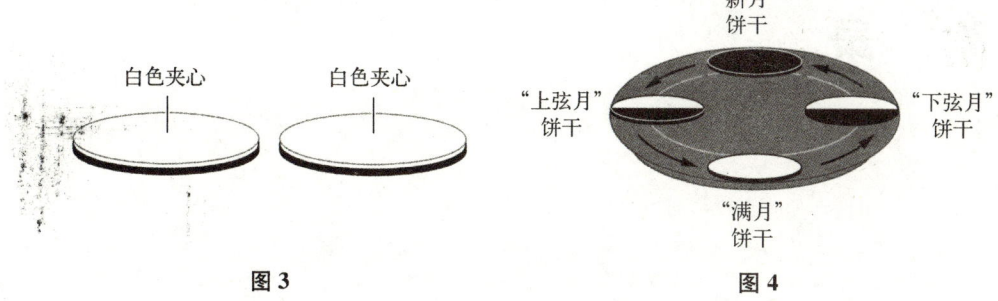

图 3

图 4

9. 用糖霜把两块夹心饼干相对粘到纸盘的两侧,如图4所示。
10. 把纸盘左侧上弦月和右侧的下弦月做一标注并加上箭头(如图4)。

实验观察

1. 这个模型中包括了月亮的哪些月相?
2. 在这次实验中,你还能把哪些月相囊括进来?再用几块夹心饼干,把你想到的这些月相模型制作出来。
3. 为什么月亮会出现盈亏圆缺的状况?

我们的发现

请参见本书后面附录中"我们的发现"。

附 录

实验环境的设置

本书中的实验都是根据实验时所使用的材料和设备进行分类的,分类如下:

- "学校实验"使用的设备和材料都只能在实验室中找到。标有"学校实验"的实验必须在教师或成年人的监督下进行。
- "家庭实验"使用的材料都是家中常备或日常使用的东西。这些实验需要在有人监督的情况下在家中进行。
- "户外实验",既可以在学校进行也可以在家中进行,但需要有人监督即可进行。

学校实验

任何家庭实验都能在学校实验室完成。

家庭实验

实验1　龙卷风

实验3　飓风

实验4　海啸

实验5　火山

实验6　全球变暖

实验7　地质学时标

实验 9　制造闪电

实验 10　烟雾

实验 11　风化

实验 12　板块边界

实验 13　制作赫尔-肖氏模型

实验 14　使用赫尔-肖氏模型

实验 15　岩石的转化循环

实验 16　岩石的多孔性

实验 17　采矿

实验 18　太阳系

实验 19　海市蜃楼——边缘层的反射和折射

实验 20　月球

户外实验

实验 2. 记录地震

实验 8. 温室气体

实验 11. 风化

我 们 的 发 现

实验 1　龙卷风

1. 风扇模拟了发生龙卷风时上升、旋转的气流柱。

2. 干冰帮助形成暴风雨中的"云",因为产生龙卷风需要温暖、潮湿的空气。

3. 漏斗云在空中呈现出漏斗状,伸展至地面的漏斗云叫做龙卷风。

4. 不同海拔的风,风速不同时会发生风切变,这就形成了旋转的云柱。如果空气被上升气流吸入,风速就会增加并形成漏斗云。当漏斗云伸展到地面时就成为龙卷风。

实验 2　记录地震

1. 答案会有所不同,但是答案应该是肯定的。

2. 笔在纸上做的记号是胳膊晃动的证据。

3. 地震仪将地震时仪器的晃动情况记录下来。

4. 答案会有所不同。

实验3 飓风

1. 答案会有所不同,但是答案应该是肯定的,因为有些年的暴风雨比较强烈一些。

2. 答案会有所不同,但是答案应该是肯定的,因为飓风倾向于在大西洋的一些特定区域发生。

3. 多年以来,如果某一特定的模式较为明显,科学家知道如何在一年里特定的时间预测这些地区的暴风雨。这就能帮助人们提前为预防暴风雨做好准备,例如建造坚固的房子或者离开这些地区以躲避暴风雨。

实验4 海啸

1. 产生P波过程中,弹簧横向压缩。产生S波过程中,弹簧前后移动。产生L波过程中,弹簧上下强烈地晃动。

2. 在水里,容器里的P波沿着水面从前至后地移动;S波从一侧向另一侧移动;而L波使容器里的水明显地上下泼溅。

3. L波明显可以引发海啸,因为在巨大的水体中,大地震引发的L波会产生朝海岸行进的巨大波浪。L波的上下运动将产生巨大的具有强大破坏力的海浪。

实验5 火山

1. 红色的水在凝胶里移动,正如岩浆在火山里移动形成岩墙一样。

2. 答案会有所不同,但是答案应包括红色的水朝不同的方向移动,并不是聚集在一个地方。

3. 答案会有所不同,但是答案应该是肯定的,同时还有对答案的解释。

实验6 全球变暖

1. 二氧化碳含量有所增加。

2. 答案会有所不同,但是答案应包括了化石燃料的燃烧增加了二氧化碳的含量。

3. 二氧化碳含量的增加造成了空气温度的上升。

4. 温度的变化造成了冰川的融化,使水栖息地干枯以及其他气候及栖息地的变化。

实验7　地质学时标

1. 人类存在的时间只是整个时标极其微小的一部分。

2. 答案会有所不同,但是答案也许包括物种灭绝、某种有机生物存活的时间以及地球一共存在了多长时间。

3. 在制作地质学时标时,科学家需要岩石层、碳测时法和化石证据。

实验8　温室气体

1. 答案应该是肯定的。两个温度计上的温度是有差异的。标有"二氧化碳"那个瓶子上的温度计显示出更高的温度。

2. 先让碳酸饮料发生碳化反应的目的是确保一个瓶子里的二氧化碳含量尽可能地少,而另一个瓶子里的二氧化碳含量尽可能的多。

3. 通过增加二氧化碳含量,你能够模拟大气中增加的二氧化碳导致温室效应或者造成全球变暖。

4. 答案会有所不同,但是答案也许包括温室气体造成了温度的升高,温度升高会引起气候变化。而气候变化会使一些野生动植物失去栖息地,最终导致这些野生动植物物种的灭绝。

实验9　制造闪电

1. 在叉子和锅之间会产生火花。

2. 本实验制造的闪电和风暴中的闪电两种情况有相同的电荷释放方式。

3. 握住锅的塑料手柄时需要戴上胶皮手套,是因为胶皮手套是绝缘体,可以阻止电荷转移到人体上。

实验10　烟雾

1. 烟雾被吸入鞋盒里。

2. 烟雾上方的暖空气将烟雾困在鞋盒里。

3. 产生的烟雾能被困在大气中较低的位置,因为大气中位于烟雾上方的暖空气阻碍了烟雾的移动。

4. 人在有烟雾的天气里待在户外对健康没有好处,因为烟雾里包含影响人们健康的污染物质。

实验11　风化

1. 接受光照的黏土底部有小块的平坦表面,而放置在冰箱冷藏室里的黏土有裂缝。

2. 答案会有所不同,但答案是肯定的。差别将变得更为明显,因为放置在冰箱冷藏室里的黏土裂缝会更多。

3. 遭受气温极度变化影响(如冰冻)的岩石会裂开,正如放置在冰箱冷藏室里的黏土产生裂缝一样。

4. 答案会有所不同,但是答案也许包括水可以模拟雨,酒精灯热量可以模拟高温,风扇可以模拟风。

实验12　板块边界

1. 答案会有所不同,但是答案应该是肯定的。学生们还将答出不同的地区名字。

2. 没有。在一周时间里没有一天是完全没有地震发生的,因为地球的各个板块都处于不断的运动中。有时我们觉察不到地震,那是因为地震的震级太小。

3. 答案会有所不同,但是地图上所标注的代表地震的点较多的地区是板块的边界。应该用线将这些点连接起来表示板块边界。

实验13　制作赫尔-肖氏模型

1. 需要留有足够的空隙将需要观察的材料倒入装置里。

2. 空隙必须狭窄,这样方便我们将需要观察的材料变成扁平状,我们才能够从二维的角度去观察它。

3. 答案会有所不同,但是答案也许包括不同的黏性液体、不能融合的液体组合、土壤颗粒、沙子颗粒以及小的晶体。

实验14　使用赫尔-肖氏模型

1. 答案会有所不同,但是答案应该是否定的。不同材料的沉积面角度是不同的,这是因为不同材料的颗粒大小和形状不同,因此它们沉积的方式是不同的。

2. 将各种材料的沉积面角度测量3次,可以算出平均沉积面角度,确保我们的测量更为准确。

3. 答案会有所不同,但是沙子和盐的混合物倒入模型中所呈现出来的沉积面角度应该介于两种不同的材料分别形成的沉积面角度之间。

4. 赫尔-肖氏模型将不易被我们观察到的发生在岩石中的情景视觉化。把真正发生在三维状态下的变化形成二维的"快照",方便我们观察。

实验15　岩石的转化循环

1. 答案会有所不同,但是答案也许包括沉积岩分层。变质岩呈现出薄层或者条状物。火成岩通常情况下看起来光亮并且有晶体。

2. 火成岩也许经受了压力、侵蚀或者其他过程,使它最终在某一时刻转变成了沉积岩。

3. 人们用"岩石转化循环"这个术语是因为岩石是不断地形成、毁掉、经受热和压力不停地变化着。尽管这些过程会经历很长时间,但岩石确实是自然地"循环"的。

实验16　岩石的多孔性

1. 答案会有所不同,但是答案应该是砾石。

2. 答案会有所不同,但是答案应该是泥沙。

3. 答案会有所不同,但是答案应该是肯定的。砂岩应该是有空隙的,因为组成砂岩的材料是多孔的,所以组成砂岩后有空隙存水。

4. 如果岩石有很多空隙,它就会轻一些。如果岩石空隙较少,它就会重一些。

实验17　采矿

1. 答案会有所不同,但是学生的答案极有可能是将曲奇上的巧克力片分离这一过程是困难的。

2. 有时,从矿石里分离出重要的物质也是一个困难的过程,正如从曲奇里分离出巧克力片一样。

3. 答案会有所不同,但是答案有可能是大多数的采矿过程都会破坏周围的环境。你不得不将周围的区域挖掘开才能进行开采,找到你想要开采的矿物。

实验18　太阳系

1. 答案会有所不同。
2. 质量大的行星有更大的引力。
3. 地球与太阳之间的距离使得地球上有生命体存在。因为这一距离使地球的温度既不太冷也不太热。这种距离也使地球上存在液态的水。

实验19　海市蜃楼——边缘层的反射和折射

1. 灯光在水里发生了反射。
2. 情况一样。灯光同样在水里发生了反射。
3. 是。折射使铅笔看起来发生了变化。
4. 比起在植物油里，铅笔在水中呈现出的状态差异更大。
5. 这个实验制造了不同的边缘层，边缘层是产生海市蜃楼的必要条件。

实验20　月球

1. 新月、满月、上弦月和下弦月。
2. 娥眉月、盈凸月、亏凸月和残月。
3. 月亮会出现盈亏圆缺是因为月亮的一侧被太阳照射，而另一侧没有被太阳照射，与此同时，月亮又围绕地球旋转。所以在地球上看月亮就会呈现出盈亏圆缺的状况。

地 球 篇

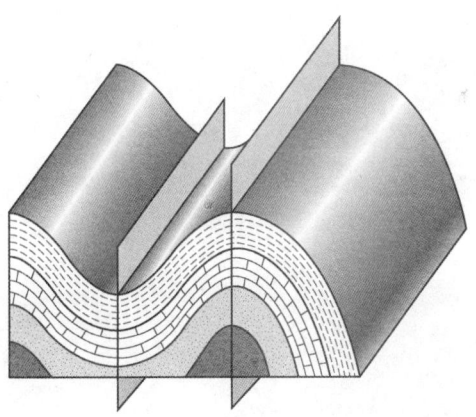

简 介

地球科学是我们研究的最基础的学科之一,其研究的侧重点是我们的地球及其在宇宙中的作用。通过这门科学,我们对这个称之为家园的地球、我们食物的来源、我们周围的空气、我们的饮水以及宇宙中的其他星球有所了解。

为了方便不同学习模式的学生使用,"地球篇"中的实验各具风格。一些探究性实验要求学生善于提出实验假设,学生可以根据提供的实验步骤和材料清单开展实验,收集数据,并得出结论。还有一些实验遵循传统的形式,为学生提供了实验指令。在一些实验中,学生使用模型进行实际操作,这有利于帮助他们理解并处理复杂的抽象概念。一些实验需要用一节课完成,而另一些实验则需要几天时间。无论采用哪种方法,所有的实验都具有趣味性,激发学生的兴趣并且与他们已经掌握的知识相关联,从而使学习变得真实而有意义。

研究地球科学有一定的实际意义,学生可以将这些研究与现实生活中的实际应用联系在一起。研究地球科学可以使我们能够定位并开发宝贵的矿产和石油资源。通过研究地球科学,我们可以了解人类是如何影响环境的。因此,我们可以探索行之有效的办法,帮助地球从过去和现在的危害中恢复过来并保护它今后不再受到危害。此外,地球科学也为我们预测天气,预报危险气候灾害。因此,地球科学在我们的日常生活中起到极其重要的作用。

地球科学是由几个分支学科组成的,包括地质学、气象学和天文学。地质学是地球科学的主干分支,它主要侧重于地球的物质构成以及地球的形成过程。在这本书的地质学部分中,有两个实验将帮助学生掌握基本技能:首先是教授学生如何看地图,其次是制作地图。"平面图"实验是教授学生看地图并学会制作二维地图;"地形图"实验将教授学生学会理解和制作三维地图。

"晶体成长和大小"实验检验了影响晶体大小的条件,将晶体的生长和自然及经济状况相关联。"土壤侵蚀"实验着眼于土地管理中最普通的问题之一,即土壤在风和水的作用下发生流失。这是一个调查性实验,学生将评价一些与土壤流失相关的变量并讨论如何避免土壤流失。在"边坡稳定性"实验中,学生将学习如何计算地形坡度,开展实验测试变量(例如土壤成分或水分含量)是如何影响斜坡上的土壤抵抗位置变化的。在"沙丘的侵蚀"实验里,学生不仅会研究沙子的跳跃性移动,还将对沙丘中不同挡风设施的有效性进行研究并分析安放挡风设施的科学依据。

矿物、岩石和土壤的特性是许多实验的主题。在"鉴定矿物质"实验中,学生学会了区分矿物类型的方法并掌握了寻找矿物资源的技术。在"为岩石命名"实验中,学生们将验证地质学家使用的一些简单的、用来识别岩石的技巧。一旦学生掌握了这些检测技巧,他们就可以现场识别未知岩石。为了研究颜色是如何影响土壤吸收能量的,在"土壤颜色和温度"实验中,学生设计并开展调查性研究。

为了扩展学生的地壳历史知识,他们会进行两项有关岩石材料变化的实验。"岩石变形"实验,让学生们模拟处于压力下岩石所发生的变化,并制作受到压力的岩石层的三维模型。在"使用半衰期测定岩石年龄"实验中,学生用虚构元素豆元素和扁豆元素来演示放射性物质是如何衰变成为可以用来确定岩石年龄的稳定子元素的。

在日常生活中,人们与气象学专家交流来计划他们的实验。气象学研究大气的状况,测定大气的变化是如何影响天气和气候的。本书中的实验侧重于气象学的基础知识。如"风寒"实验,测量热量的流失并估算风是如何影响感知温度的。在"相对湿度"实验中,学生用牛奶盒制作空气湿度计,并用这个装置来测量校园内的相对湿度。在"追踪飓风"实验中,学生检验卡特里娜的大气条件变化数据并追踪从墨西哥湾到路易斯安那州的风暴路径。"冰雹的形成"实验帮助学生发现冰雹形成的必要因素。"蒸发速度"实验是一项探究性试验,让学生了解热、光,或风这些因素是如何影响蒸发速度的。

天文学是研究宇宙的学科,它也许是地球科学中最神秘、最引人入胜的一个分支学科。虽然宇宙中物体相隔遥远,但这些物体对地球生命有巨大的影响,学生们可以通过实验了解这些知识。在这本书的天文学知识部分,学生可以通过"天文望远镜的彩色滤光片"实验来观测对象,看这些彩色滤光片是如何提高望远镜的图片分析能力。在"平面天体图的制作"实验中,为了方便观测星空,学生将制作个人天体图来帮助确定星座的位置。在这个实验中,学生把平面天体图设定到当前的时间和日期,并利用它来观测夜空。"天文学的历史"实验是一个研究项目,让学生了解如今的天体知识是如何在早期科学家工作基础上建立并形成的。

  地球是我们的家园,我们要保护地球就必须了解地球上正在发生的事情。通过学习和了解地球科学,我们可以更好地保护环境并分析目前的人类活动是否会对地球的未来造成影响。今天的学生是我们星球未来的主人,希望接下来的 20 个实验能够帮助他们认识到地球科学的价值,将其视为地球资源可持续发展及管理领域的重要工具。

实验 1　平面图

题　目

平面图为你提供从一个地方到另一地方所需要的信息。

简　介

如果你要去一个从未去过的地方,应该如何到达目的地? 除非你有全球定位系统(GPS),否则你将极有可能依靠地图,地图是描绘地球表面区域的图表。人们为了某些特殊目的设计了地图,如展示国家森林的位置、某些特定种类岩石的位置,或者地下水位区域的位置。旅游者一般都会使用公路线路图这一特定种类的平面图。公路线路图提供了城镇、公路和主要地理特征的位置。

在一幅大的平面图上,你可以看到经线和纬线(参见图1)。这些虚拟的线是全球网格系统的一部分。人们可以利用这些线的位置作为参照点来准确地确定某一地点。纬线环绕整个地球。赤道是以东西方向环绕地球中央的虚拟圆周线,它与地球的南北极距离相等。其他东西走向的纬线与赤道平行。人们将赤道的位置定位为零纬度(0°),和南北极成90度(90°)弧。这些度量反映了一个事实:如果你想在地球中心和北极之间画线,水平线上成90度角。同种类的度量显示出南极纬度为南90度(90°S)。这些数字代表了从地球中心测量的角度。每个角度可以用度数、分钟和秒数这3个成分加以描述。1度是弧形的60分,1分是弧形的60秒。所以任何地点

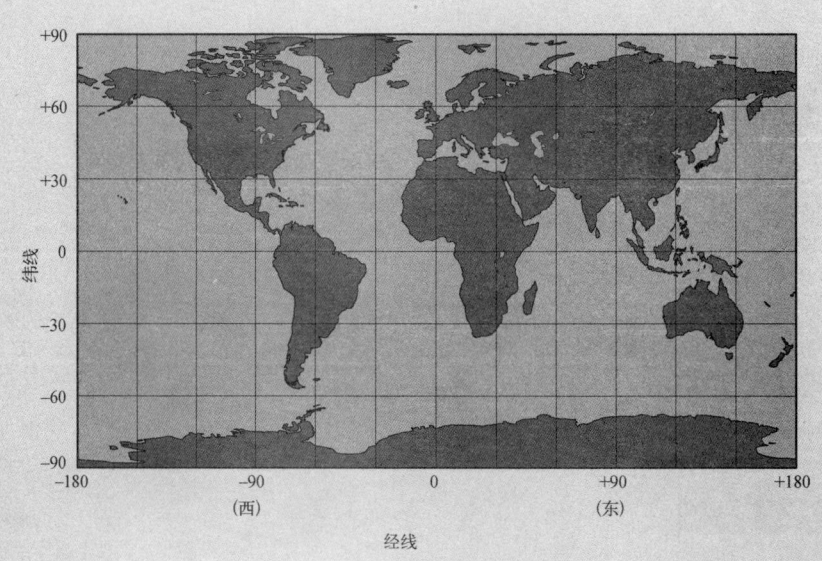

图 1　带有纬线和经线的平面图

都可以用这 3 个成分定位。

　　经线(子午线)贯穿南北两极,每条经线都经过赤道。既然赤道是个圆圈,它就可以被分成 360 度。为了方便参照,人们将一条经线定为零度,它穿过英格兰格林尼治(Greenwich,England)并被命名为本初子午线。其他经线位于本子午线的东西两侧。

　　在本实验中,你将看到美国的平面图,并使用经线和纬线作为参照。你们还将制作一幅其他同学可以使用的平面图。

实验时间

第一部分:30 分钟
第二部分:45 分钟

实验材料

- 指南针

- 可以上网的电脑
- 卷尺
- 世界地图
- 实验记录本

安全提示

在校外设计或使用地图时,一定要在教师指定的区域内活动。请仔细阅读并遵守本书"实验前必读"中的"安全准则"。

实验步骤:第一部分

1. 检查图 2 的美国大陆地图。

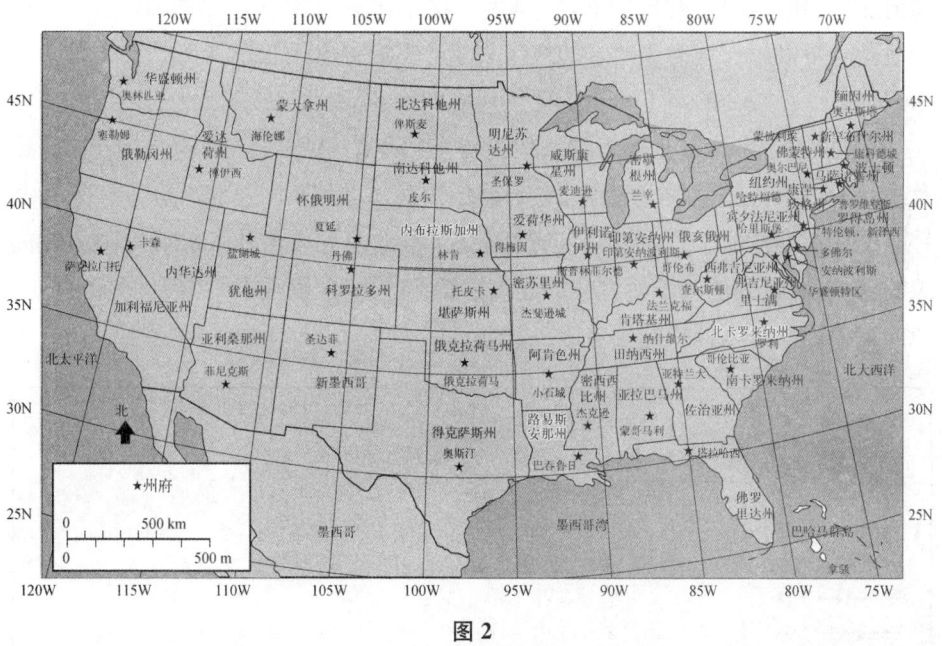

图 2

2. 请注意离美国科罗拉多州的丹佛最近的纬线和经线网格为北纬 40 度(40°N)和西经 105 度(105°W)。如果这幅地图还显示出分和度的话,你能看到丹佛的确切位置为 39°44′21″N 和 104°59′3″W。

3. 使用地图确定离下列城市最近的网格线：爱达荷州首府博伊西市；阿拉巴马州首府蒙哥马利；北卡罗来纳州首府罗利；俄克拉荷马州首府俄克拉荷马市以及加利福尼亚州首府萨克拉门托。回答分析问题 1。

4. 登录 http://itouchmap.com/latlong.html 进入 iTouchMap.com Web 网站，这一在线资源可以帮助你找到地图上某一点的确切经度和纬度。将你的实验结果与准确的经度和纬度进行对照。

5. 回答分析问题 2。

实验步骤：第二部分

1. 以小组为单位画一幅地图，地图上显示出某些目的地。这些目的地可以是建筑、纪念碑或者是你学校附近的花坛。小组全体同学把对该区域的了解汇总到一起共同绘制地图。将目的地的位置用 X 标识。尽量将地图绘制得准确。请记住你们的地图是有比例的，比例可以显示出相对距离。比如，10 米的距离在地图上可以用长度为 1 厘米的线来表示。3 米可以用长度为 0.3 米的线来表示。你可以在图 2 的左下角看到比例尺的例子。

2. 如图 3 所示，在地图上加入代表特别地点的符号。比如建筑、小山、公路及小径。地图上要呈现出解释这些符号的图例。图例要包括指北针。在画指北针时不要借助任何工具，也不要向教师寻求帮助。为了使他人更好地理解你的地图，你可以将其他的图例符号加进去。图 2 左下角为你提供了图例的范例，其中的 ★ 代表了美国各州的首府。

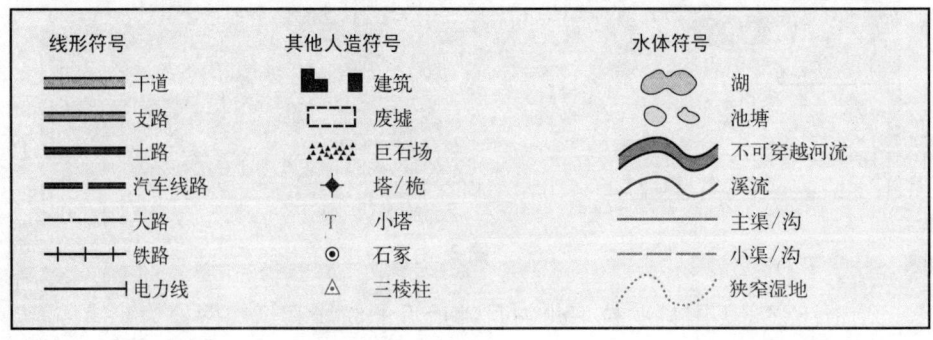

图 3

3. 检查你的地图的准确性。按照如下步骤：

① 到达你地图上所绘制的目的地，使用卷尺测量距离。根据测量结果对地图进行修改。

② 使用指南针确定南北方向。如果有必要，请更改你地图上的箭头。

③ 在地图上增加所需要的地图符号。

4. 和另一组同学交换地图。

5. 使用另一组同学的地图找到标注为 X 的地点。

6. 互相交换地图的两组同学回到教室会合。探讨每组地图的优点和缺点。如果有需要的话，对地图进行修改和更正。

7. 回答分析问题 3—7。

分 析

1. 根据图 2 的地图，距离下列城市最近的经线和纬线是哪些？① 爱达荷州首府博伊西；② 阿拉巴马州首府蒙哥马利；③ 北卡罗来纳州首府罗利市；④ 俄克拉荷马州首府俄克拉荷马市；⑤ 加利福尼亚首府萨克拉门托。

2. 根据图 2 的地图，距离你所生活的城市或地区最近的经线和纬线是哪些？使用网站找到你生活的城市或地区的确切经线和纬线。

3. 使用图 2 左下角的图例计算加利福尼亚州首府萨克拉门托与纽约之间的距离是多少千米。

4. 佛罗里达州首府塔拉哈西与巴哈马群岛的拿骚有多远？

5. 你们小组绘制的地图比例尺是多少？

6. 你们小组在检查地图的准确性时，不得不做哪些修改？

7. 为什么地图上的图例非常重要？

实验中将会发生什么？

你是否为迷路的人指过方向？如果你的答案是肯定的，那么你一定在描述方向的过程中使用过参照点和路标。你可能是这样说的："沿着这条路向南走两个街区，在加油站向右拐。"给别人指方向就好比为他提供了一个意境地图。

在寻找新的场所时，地图是必不可少的工具。在实验中，你在使用地图和绘制地图两方面都获得了一定的经验。通过使用地图，你有了一定的洞察力，了解了你目前的位置和你想去的地方之间的联系。你也许发现了在描述一个位置时，路标提供了非常重要的帮助。你的地图包括比例尺，这种条形符号带有可以代表距离的核对符号。一些地图则带有文字形式的比例尺，会有如"0.3米等于160 934米"这样的描述。也有一些地图使用了数字比例尺，地图上写有如1：100这样的比率。这个分数的分子代表了地图上的单位而分母代表了实际的地面单位。比如在1：100的例子中，地图上的一个单位（比如英尺或者米）代表了实际地面的100个单位。

与现实生活的联系

人们将制图的艺术与科学称作绘图法，这是一门古老的学科。制图师竭尽所能将地球表面及其特征进行最为准确的描述。他们所绘制的地图融汇了当代的知识与制图师的兴趣。人类所知的最古老的地图是公元前2300年巴比伦人所创造的黏土碑。公元前350年，希腊和罗马制图师进一步发展了这门学科，他们绘制的彩色地图体现出地球是一个球体。当希腊科学家埃拉托色尼（Eratosthenes，前275—前195)计算地球圆周时，数学这门学科被应用在制图中。

在中世纪，大多数的地图只具有象征意义而不具有科学性。在这些地图中，地球只是被海洋包围的一块大陆。宗教思想主宰了欧洲的地图，他们将耶路撒冷绘制在了地图中央。与此同时，阿拉伯制图师绘制了更为精确的图表，这些图表体现出了距离与位置的真实关系。任何种类的地图都是珍贵的日用品，只有富有和高贵的人才能拥有。15世纪人们发明了印刷机后，更多的人才开始拥有地图。因此，15世纪地图才变得更有用处。我们如今所认可的第一幅展示各大洲的地图是由德国制图师马丁·维尔德西姆勒（Martin Waldseemuller，1417—1520）在1507年绘制的。这幅地图展现出美洲是位于西部的较为狭窄的条状区域。在接下来的3个世纪里，探险家和科学家对地球获得了更多的知识，他们不断地对地图进行了改进。然而，直到第一次世界大战使用了空中摄影术之前，一些地区对于人们来说仍然是未知的。

想要了解更多吗？

参见附录中"我们的发现"。

实验 2　地形图

题　目

地形图展示了某一地区的海拔变化。

简　介

你可能使用过地图来帮助你找到去另一个城市的道路。地图以二维形式展示出道路、城镇和城市。另一种不同的地图可以提供第三个纬度——海拔。这种地图就是地形图,它可以展现出地球上不同地点的海拔变化及两个最高点之间的海拔差异。比如从地形图上我们可以看出山顶与山脚的海拔差。在每一个地形图上,海拔是通过海平面以上或以下的垂直距离进行测量的。为了更好地理解地图如何显示海拔的,你可以想象看到了一座岛屿的侧面。在这个想象出来的岛屿侧面上,你已经测量出了海拔并环绕岛屿画上了线,代表 3 米、6 米、9 米、12 米等等。你的画如图 1a 所示。如果你能从上空鸟瞰这座岛屿,你画的线将如图 1b 所示。

地形图类似图 1b。地形图上的线是将相同海拔的各点连接起来,每一条线代表海平面之上的一个平面,这些线被称作等高线。在使用地形图时,同海拔的距离用等高线分隔,人们就可以利用等高线评估山脉的高度和斜坡的陡峭程度。比如,如果一幅地形图展现出的海拔变化较小,那么这幅地图表示的等高间隔或许只有 1.5 米;而陡峭或崎岖地带的等高间隔可

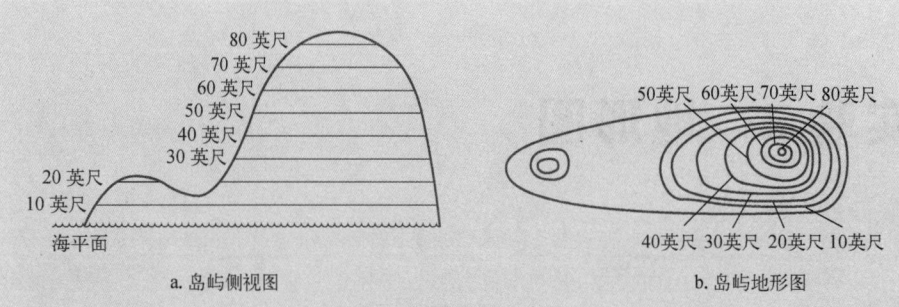

图 1　测量及描绘海拔

a. 岛屿侧视图　　b. 岛屿地形图

能会达到 152 米。地图上解释符号的区域是图例，等高间隔也会在图例中加以说明。图例也将显示比例尺和指北的箭头。

一旦你理解了等高线的规则，你就可以看地形图了。密集的线说明斜坡陡峭，而疏散的线则说明倾斜较为平缓。阴影线表示海拔在减少而非增加。穿过河流或小溪时，等高线弯曲或在上游方向呈现出尖形。所有的水体流向低处，所以我们可以通过弯曲的等高线知道溪流的方向。在本实验中，你将检验一幅地形图，然后使用你的地图观察能力绘制两幅地形图。

实验时间

55 分钟

实验材料

- 彩色铅笔
- 图 3 的影印版
- 实验记录本

安全提示

请仔细阅读并遵守本书"实验前必读"中的"安全准则"。

实验步骤

1. 检查图 2 所示的等高线图。

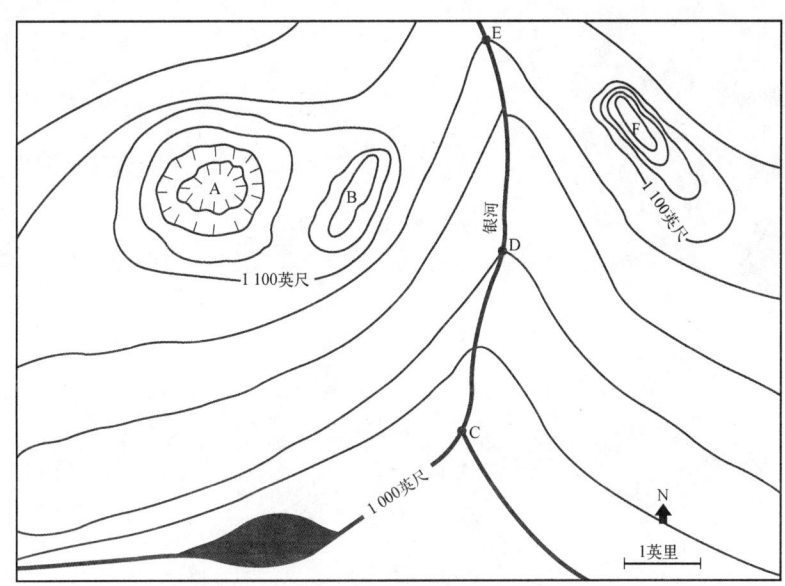

图 2　等高线图

2. 回答分析问题 1—6。
3. 检查含有海拔测量的图 3。
4. 在影印版的地图上加入等高线。等高间隔为 3 米。请注意不是所有等高线的量度都是偶数。比如，一个量度为 3.4 米，另一个为 2.7 米。你应该在这两个量度之间加入 3 米的等高线。一些等高线已经为你画好了。
5. 回答分析问题 7—9。
6. 在你的实验记录本上画一个假想区域的地形图。你的地形图要有创造力和艺术感。你可以在地形图上加入你喜欢的元素，除此以外，如下特征必须包括在内：① 一座或多座高山或山脉；② 陡峭的丘陵；③ 缓坡；④ 航道；⑤ 低压带；⑥ 指北针；⑦ 图例。在你的地图上使用如下颜色：棕色——等高线；红色——车道；蓝色——海岸线；小溪（细线），池塘，河流（粗线）；灰色——建筑。
7. 回答分析问题 10—12。

实验 2　地形图　107

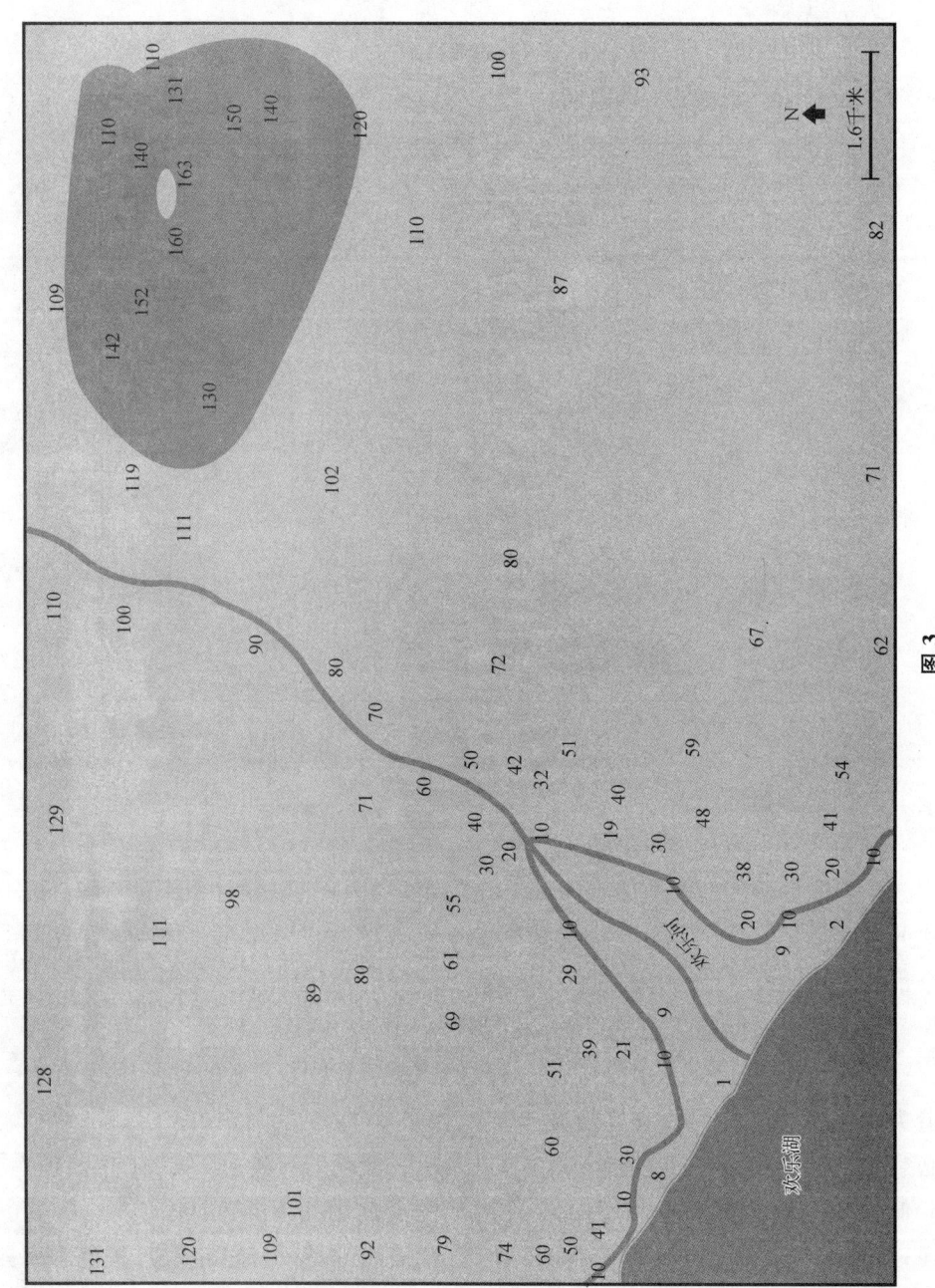

图 3

分 析

1. 图 2 中地图的等高间隔是 6 米。地图上最高的海拔是多少？最低海拔是多少？地图的海拔变化是多少？
2. A 点和 B 点的海拔分别是多少？
3. D 点的海拔是多少？
4. E 点比 C 点高多少？
5. F 山北面和南面哪一面更陡峭？你是如何知道的？
6. 银河哪个方向地势低？
7. 图 3 的海拔变化是多少？
8. 欢乐河哪个方向地势低？
9. 图 3 中海拔变化最大的区域（最陡峭的斜坡）是哪里？
10. 你如何在你的地形图上预测低压带？
11. 你的地形图上海拔变化是多少？
12. 你的地形图上等高间隔是多少？

实验中将会发生什么？

在你绘制地形图前，你必须知道地图上确切位置的海拔是多少。一旦确定了海拔，就可以在地形图上加入等高线了。你的地形图也可以根据需要加入其它的符号。绘制地图的制图师通过两种方式确定海拔：实地考察或者航空摄影。实地考察需要使用海拔测量工具，因此这种方法比较昂贵。相比之下，航空摄影花费较少，因此被广泛地使用。航空队拍摄的数千张照片略微地重叠。洗出照片后，他们会用立视镜进行检验。立视镜是人们看海拔和距离照片的一种仪器。

与现实生活的联系

2009 年夏天，美国国家航空航天局和日本共同发布了最新最大范围的地形图。该地形图介于北纬 83 度和南纬 83 度之间。这幅数字地图由 130 万立体图像组成。这些立体图像由日本高级星载热量散发和反辐射仪"紫苑"（Aster）拍摄。"紫苑"安装在美国人造卫星特拉号上，是该人造卫星上观测地球的几个器械之一。该器械可以通过电磁波频谱的红外线能量收集可见光范围内的图像。新版的地形图比旧版有很大的改善，特别是对沙漠和陡坡地区的图片处理上更具优势。因为新版地形图上的数据更为准确，对于在工程学、环境管理和能量探测领域工作的科学家来说更具实用价值。另外，新版地形图上的数据对于城市规划者、消防员和公共建设工程设计师来说也有一定的实用意义。

想要了解更多吗？

参见附录中"我们的发现"。

实验3 晶体成长和大小

题 目

污染物能够影响无机晶体的生长速度和大小。

简 介

晶体是一种固体物质,它具有清晰、重复的原子结构。构成晶体主要成分的最小元素组叫做晶胞。每个晶胞包含晶体结构的所有成分,一旦这些成分重复起来就可以形成完整的晶体。你可以将晶胞想象成孩子的积木,是一个完全的立方体,可以从任何角度叠放堆砌。虽然晶体的种类有数百万,但是所有的晶胞都可以被分为7个晶格系统。

这7个晶格系统为立方、六方、三方(菱形)、三斜、四方、斜方(正交)、单斜。每一种晶格系统是以晶体重复晶胞的面(a, b, c)和角(α, β, γ)的关系命名的。晶体以有规则的多面体填充空间相互镶嵌成方格状,因此晶体的边和面契合在一起没有任何重叠和裂缝。晶体只能形成7种三维结构,因此晶格系统只有7种。立方的晶格系统最具均衡性。在这种系统中a=b=c,

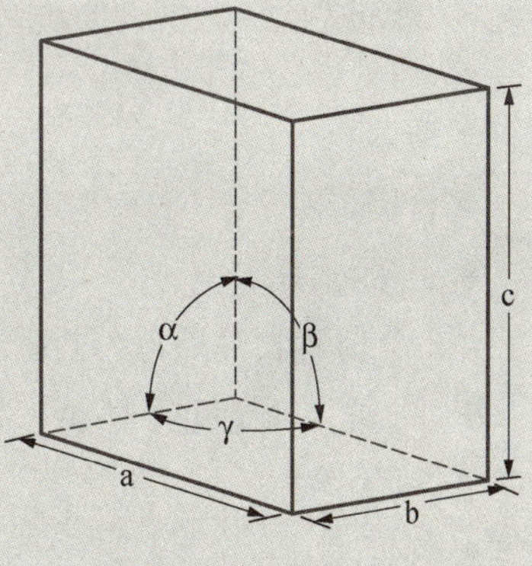

图1 在这个基本的单斜点阵晶胞里,a面= b面= c面,角 α = 角β = 角γ = 90°

并且 $\alpha=\beta=\gamma=90°$。六方—三斜这几种晶格系统的均衡性越来越小。比如说,三方系统中 $a=b=c, \alpha=\beta=\gamma$,但是角度并不是直角。如果对称元素进一步减少,三斜系统将会形成,其中 $a\neq b\neq c$,并且 $\alpha\neq\beta\neq\gamma\neq90°$。

某种物质(分子、混合物或者几组混合物)的结晶取决于时间、溶解力、温度、蒸发速度和存在的污染物。容易结晶的晶格系统有立方体和单斜系统。氯化钠和精制食盐具有立方体系统而麦芽糖和蔗糖具有单斜系统。其他晶格系统则不容易结晶。比如说,人们在试图结晶蛋白质方面做了大量的研究,但是到目前为止,在人们所知的数百万种蛋白质中,只有5万种蛋白质的晶体结构被介绍过。晶体成长适宜的条件取决于结晶的复合物及元素的种类。并且不同的结晶条件能够导致不同的晶体形状和大小,也可能根本不能导致形成晶体。在本实验中,你将确定形成蔗糖晶体的最好的方法。

实验时间

第一天 20 分钟
第二天至第六天每天 15 分钟
第七天 30 分钟

实验材料

- 糖
- 食用颜料
- 玉米糖浆
- 2 个梅森食品瓶(经过清洗并且干净的)
- 水(每个瓶子 1/2 杯至 1 杯)
- 2 支铅笔
- 胶带
- 2 根竹叉或者 2 条按规格裁切的细绳,约 20 厘米
- 2 个衣夹(如果使用竹叉的话)
- 2 个金属垫圈(如果使用细绳的话)

- 尺子
- 显微镜（随意）
- 电子秤
- 实验记录本

安全提示

请仔细阅读并遵守本书"实验前必读"中的"安全准则"。

实验步骤

1. 准备结晶面。

① 准备 2 根同样长度的细绳或者竹叉。

② 将 2 根细绳或者竹叉的表面弄湿并裹上糖（蔗糖或者粗砂糖均可）。将表面干燥。

③ 如果你使用的是细绳，将一个金属垫圈加在细绳的一端当做重物。将细绳另一端系在铅笔的中央（参见图 2）。如果你使用的是竹叉，可以将竹叉用衣夹固定在铅笔上。

2. 以 2∶1 的比例将糖溶解在开水中形成溶液。根据梅森瓶的大小，每个梅森瓶中需要 1/2—1 杯溶液。将溶液稍微冷却，然后将溶液倒入梅森瓶中。

3. 选择一个污染物加入含有糖溶液的一个梅森瓶中。污染物可以是食物颜料或者玉米糖浆（约 1 汤匙）。充分搅拌。

4. 将系着细绳的铅笔或者竹叉横放在梅森瓶上（参见图 2）。

5. 将梅森瓶放在温度、光照和通风稳定的地方。如窗台、黑暗的橱柜或者桌子上。

6. 第一天的 1—3 小时检查一次结晶情况，以后每天检查一次。确定不要挪动梅森瓶。

7. 5—7 天后，去掉细绳或者竹叉，使它们干燥。

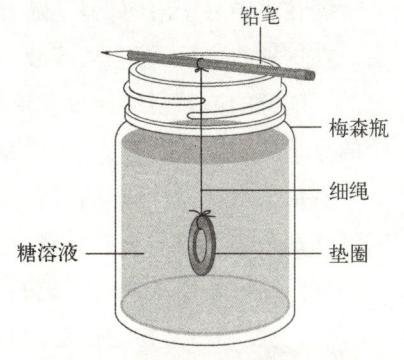

图 2　铅笔支撑梅森瓶里的细绳

8. 用尺子测量每条细绳或者竹叉上最大的晶体。将你的测量结果记录在实验记录本上。

9. 数数每条细绳或者竹叉上晶体的数量，将数字记录在实验记录本上。

10. 将2小片纸巾称重并将重量记录在实验记录本上。

11. 使用塑料刀将一条细绳或者竹叉上的晶体轻轻地刮到一张纸巾上。用同样方法将另一条细绳或者竹叉上的晶体刮到另一张纸巾上。

12. 确定2张纸巾上晶体的重量。从晶体和纸巾的共同重量中减去纸巾的重量。将2张纸巾上晶体的重量记录在实验记录本上。

13. 在显微镜下观察每条细绳或竹叉上的晶体。将观察结果记录在实验记录本上。

分 析

1. 画一幅单个糖晶体的图。
2. 分别描述2个梅森瓶里糖晶体的形状。
3. 哪个梅森瓶里糖晶体大？为什么？
4. 哪个梅森瓶里糖晶体结晶快？为什么？
5. 按重量计算哪个梅森瓶里形成更多的晶体？
6. 描述一种晶体不会生长的环境。

实验中将会发生什么？

糖在水中易于溶解，但是随着水从糖溶液中逐渐蒸发，糖最终会达到饱和状态。在这种浓度下，糖会从溶液中沉淀出来。如果在理想条件下，饱和并不是随意的。随意的饱和会形成没有形状的粉末。相反，较为缓慢的饱和重复地使单个的分子从固体状态变为溶解状态，直到这些分子形成晶格。

理论上来说，溶液中的所有分子形成糖的单晶体是可能的，只要给予足够的时间使每一个糖分子形成晶格。而实际上在复成核位置，成长的晶体表面形成了固体。结果晶体从表面形成的固体上生长。晶体成长的速度取决于时间、温度、蒸发速度和污染物的存在。

蔗糖是一种双分子糖，它是由葡萄糖分子和果糖分子连接形成的（参见

图3)。玉米糖浆是一种浓缩的葡萄糖单糖溶液。玉米糖浆在闭合的过程中会破坏晶体的形成,阻止有序的结晶。

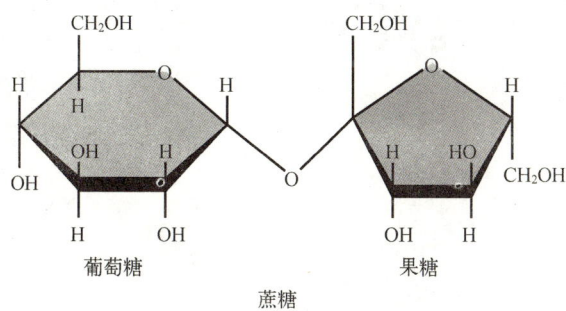

图3 蔗糖是由葡萄糖分子和果糖分子化学连接形成的

与现实生活的联系

对于糖果制造商来说,结晶是一件非常重要的事情。与此同时,另外一些职业也会涉及到结晶。复合物的晶体结构对于科学研究是无价的。在晶体衍射的过程中,科学家可以观测到排列有序的晶体的中心,从而确定原子的确切位置。晶体结构还可以提供给科学家一些极为重要的信息,如原子间距离、化学键的几何排列、原子组成等等。这些信息最为普遍的应用是为特定的蛋白受体研制药物。一旦由X射线晶体学确定,研究人员就能将可以匹配受体的小分子综合。制药业也利用结晶来确保药物的纯度。在实验中加入果糖的例子已经使我们明确了污染物干扰了物质的结晶。通过结晶药物分子,任何在溶液中的副产品和未发生反应的物质都可以被滤除。

在工业领域,人们也利用结晶和晶体结构的分析来生产如今的高科技产品。对汽车发动机组金属的晶体结构分析可以使机器性能最优化成为可能。检查钢的微观结构可以确定重要的管道和摩天大楼构架是否有老化现象,从而加以预防。在半导体产业里,只有最纯的晶体硅才可以用来生产如今高速的微处理器。如果没有晶体结构分析,如今生活中最为有效的一些器械和设备将不会存在。

想要了解更多吗?

参见附录中"我们的发现"。

实验4 土壤侵蚀

题 目

特定的侵蚀因素比其他因素更能影响特定种类的土壤。

简 介

地球表面上只有37%是能够支持植物生长的可耕种土壤。可耕种的土壤区域包括农田、森林、草地或者灌木丛。这些区域的两个主要特征是土壤类型和水分。这两个特征是植物生长所必需的因素。但讽刺的是,水同样也是侵蚀的主要元凶。侵蚀是指土壤和其他固体因为风、冰和水等自然因素从地表分离。土壤是一种较为复杂的混合物,其中包括小石块、矿物质、死去的动植物变成的有机物和活着的微生物。

侵蚀既是一个有益的过程也是一个有害的过程。当山脉被侵蚀而形成大石块,大石块分解为小块的岩石,小块岩石再进一步分解为沙粒,侵蚀在土壤形成的这一过程中起到了帮助作用。然而,土壤侵蚀也会威胁农业生产。随着人口的不断膨胀,越来越多的土地被开垦出来种植农作物。缺少适当管理的农业最容易受到土壤侵蚀的攻击。水会侵蚀土壤。土壤保护管理者想要了解什么样的条件和环境能够造成这种侵蚀。同时,他们也想研究出有效的方法来减少水对土壤的侵蚀。在本实验中,你将探究水对于不同种类的土壤和其他地被植物的侵蚀作用。

实验时间

30 分钟

实验材料

- 长方形塑料盒(比如一次性的食品贮藏器或者鞋盒)
- 碎冰锥
- 美工刀
- 带边的烤盘
- 2 种不同的泥土样本,泥土可能来自学校操场、学生草场、邻近的公园或者其他地点(每种泥土 3 杯)
- 4 个门垫或者木头楔
- 2 种土壤(每种 6 杯)
- 莲蓬头可拆卸的喷壶
- 水
- 漏斗型咖啡过滤器
- 大塑料漏斗
- 尺子
- 电子秤
- 实验记录本

安全提示

使用碎冰锥和美工刀时要小心。请仔细阅读并遵守本书"实验前必读"中的"安全准则"。

实验步骤

1. 按照如下步骤准备实验容器：
   ① 使用美工刀将长方形塑料盒的一端剪去，侧面留下大约 0.67 厘米，底部留下约 2.5 厘米。
   ② 使用碎冰锥在实验容器底部穿孔。
   ③ 将实验容器放入烤盘上。
2. 在实验容器中放入至少 2.5 厘米深的泥土样本。
3. 将喷壶装满水。

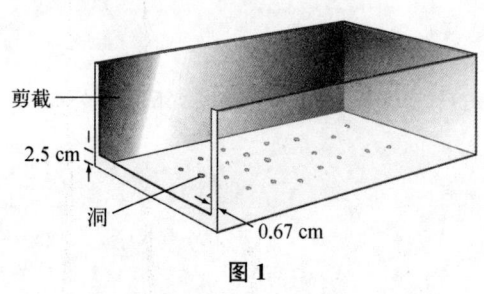

图 1

4. 将喷壶中的水均匀地喷洒在土壤上。
5. 将实验容器中的水和土壤倒在烤盘上后再倒入咖啡过滤器的塑料漏斗中。
6. 水从土壤中排出后，将咖啡过滤器中收集的土壤称重。将重量记录在你的实验记录本上
7. 用尺子测量实验容器中由侵蚀造成的小沟的深度。将测量结果记录在实验记录本上。
8. 观察你同学的实验容器和实验结果。
9. 重新铺平容器中的土壤，用门垫将容器的一边垫高。重复步骤 2—7。
10. 观察你同学的实验容器和实验结果。
11. 将容器中的土壤倒入教师指定的容器内。使用另一种土壤重复步骤 2—10。

分 析

1. 总体说来，哪种土壤最容易被侵蚀？
2. 斜坡是如何影响侵蚀速度的？
3. 比较沙质土壤和砂砾受侵蚀的程度，描述这一比较实验。

4. 你认为如苔藓或草这类的地被植物是如何影响侵蚀速度和侵蚀量的?
5. 在如何控制侵蚀方面你有什么建议和推荐?

实验中将会发生什么?

侵蚀是由多种因素造成的复杂的过程。流水是侵蚀的一个主要原因。随着水的流动,一些不能溶解的物质(如土壤和石块)会被水冲走。水流动越快,水流量越大,特定土地上遭受的侵蚀程度越大。原本干旱的土地就会变得皱缩干裂(参见图2)。没有水,这一地区就不能生长植物,而植物的根会牢牢抓住土壤颗粒从而减缓或阻止侵蚀。长此以往,干旱的土壤会变成尘土,很容易被风吹走。几种方式可以减少或阻止侵蚀:种植矮生草和其他小型的具有土壤附着力的植物来保护土壤,植物的根系也可以将土壤固定在一起。将无生命的物质在土壤表面做分层处理也可以起到相似的作用,特别是顶层的物质抵抗侵蚀的同时可以将水缓慢地排入下面的土壤中。

图2 没有植物的根将土壤固定在一起,一个地区的土壤会干旱并被风吹走

与现实生活的联系

不恰当或者不明智的土地使用总会导致土壤问题。其中给人留下深刻印象的一个例子是美国的风沙侵蚀区事件。在20世纪30年代,美国中西部过度耕种的大草原(参见图3)经历了长期的干旱和暴风,数千年形成的表层土未做任何防护被风吹起在天空中形成了巨大的沙尘。这一事件使该地区的土壤肥沃度降低。近年来,海地(Haiti)经历了相似的问题。不断增长的人口和不加控制的砍伐,造成被砍伐的森林面积达到了国家土地的98%。一些陡峭山坡上的土壤因为没有植被的固定正以惊人的速度受到侵蚀,经常发生大面积的山崩并造成灾难性的破坏。

图 3　20 世纪 30 年代干旱和疾风造成美国中西部地区表层土流失

另一方面,在侵蚀过程中水和风磨损了岩石并使其中的矿物质暴露出来,因此植物种子也较为容易播种。流水将矿物质带入河水中并堆积在肥沃的三角洲。这些地区具有极大的农业潜力。底格里斯河和幼发拉底河之间形成的被称作"文明的摇篮"的区域就是由侵蚀创造了肥沃的土地的例子。

想要了解更多吗?

参见附录中"我们的发现"。

实验 5　鉴定矿物质

题　目

通过实验鉴定当地岩石里含有的矿物质。

简　介

也许有人认为我们行走的地面就是"一堆石头",但是你是否停下脚步想一想是什么物质组成了这些石头呢?地质学家是研究地球物质构成的科学家,他们已经就此问题进行了大量的思考。分析显示出我们的地球是由多种不同的矿物组成,其中一些矿物在商业上具有很大的价值。矿物是一种具有特定化学成分和固定晶体结构的固体材料。任何一种岩石都是由两种或两种以上的矿物组成的。

地球表面由多于 4 400 种不同的矿物组成。自从人类文明开始,人类就对许多矿物有了了解。人们还将一些矿物的名字记载在了人类的历史中。比如说,在石器时代,我们的祖先就非常擅长使用不同的岩石和矿物制作工具。打火石(微晶的石英)被用来制作箭头(参见图 1)和生火,锋利的黑曜石(是硅石与氧化镁或者四氧化三铁的混合物)则被用来制作工具。

年轻的地球形成以后,仅有 250 种不同的矿物,这比起如今的矿物种类来说要少得

图 1　石器时代,箭头是用打火石做的

多。地质学者是通过分析彗星、流星以及自地球46亿年前形成以来就没有任何改变的岩石得到了这样的结论。地质学者认为流星碰撞产生的热量以及地球自身元素的放射性衰变都促进了火山活动。而火山活动创造了新的矿物质。地球外壳不断的熔化和凝固使一些元素得以净化,因此出现了约1 500种矿物,其中包括许多不同种类的花岗岩。这些花岗岩比组成地球地幔的物质轻,因此它们漂浮在地幔上形成了大陆的构架。

这之后很久才发生了造成矿物多样性的再一次飞跃。一种微小的单细胞有机体蓝藻开始通过光合作用产生氧气。随着大气中的氧气增加,地球上的大部分物质与氧气发生反应,2 500多种新的矿物形成了。

随着生命的进化,矿物的种类也发生了变化。一些矿物的出现与生物活动有直接的关系。珊瑚礁、煤和石灰石就是很好的例子。

在本实验中,你将对当地的岩石进行一系列的实验从而确定你们社区有哪些种类的矿物。

实验时间

50分钟

实验材料

- 1组已知的矿物质(为了方便对比)
- 未知的岩石(当地找到的几种不同的岩石)
- 硬币
- 随身小折刀
- 1块玻璃
- 硬化钢锉刀
- 砂纸
- 釉面砖
- 1个烧杯(小号)
- 盐酸(1摩尔)或者醋(约30毫升)

- 电子秤
- 量筒
- 强磁铁
- 锤子
- 实验记录本

> **安全提示**
>
> 使用酸性物质时请戴上护目镜。使用刀子和锤子时要小心。请仔细阅读并遵守本书"实验前必读"中的"安全准则"。

实验步骤

1. 选择一块未知的岩石。
2. 在数据表上记录这块未知岩石的颜色和光泽。
3. 图2莫氏硬度表列出的矿物和一些日常用品的硬度可以作为参照。使用莫氏硬度表查找未知岩石的硬度并记录在数据表中"硬度"一栏。你可以遵循以下几个步骤:

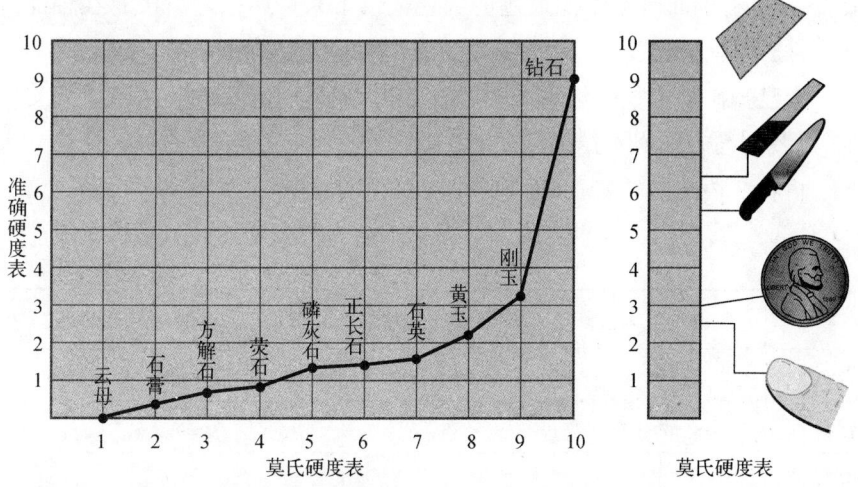

图2 莫氏硬度表介绍了矿物以及一些家用品的硬度

实验5 鉴定矿物质

① 用手指甲刮擦矿物。如果你的指甲可以在矿物上划出痕迹,该矿物的硬度小于 2.5。

② 如果指甲不能在矿物上留有痕迹,改用硬币刮擦。如果硬币可以在石头上留有痕迹,该矿物的硬度在 2.6—3.0 之间。

③ 如果硬币也不能留下任何刮痕,改用随身小折刀刮擦。如果小折刀可以留下痕迹,该矿物的硬度在 3.1—5.5 之间。

④ 如果小折刀不能留下任何刮痕,改用硬化钢锉刀刮擦。如果出现了刮擦痕迹,该矿物的硬度在 5.6—6.5 之间。

⑤ 如果硬化钢锉刀没有留下任何刮痕,改用砂纸刮擦。如果出现了刮擦痕迹,该矿物的硬度在 6.6—9.0 之间。如果没有痕迹,该矿物的硬度大于 9.0。

4. 检验未知岩石是否有磁性。将磁铁靠近被检测岩石观察引力变化。如果岩石被磁铁吸引,在数据表"磁性"一栏写"是",如果不被磁铁吸引,写"否"。

5. 检验未知岩石是否是碳酸盐或者含有碳。使用锤子将岩石敲下一些碎块(几毫克即可)。将碎块放入装有稀释的醋的小号烧杯中(1 摩尔盐酸或者醋)。观察 5 分钟,看是否有气泡产生。如果产生了气泡,在数据表"碳"一栏写"是"。如果没有气泡产生,写"否"。

6. 确定未知岩石的条纹颜色。将矿物的一面在釉面砖上摩擦。在数据表的最后一栏,将釉面砖上摩擦痕迹的颜色记录下来。如果岩石没有在釉面砖留下条纹,写"没有条纹"。

7. 在已知矿物中找一组与未知岩石有相似颜色和光泽的岩石,重复实验步骤 3—6,找到与未知岩石结果相同的矿物。

8. 再找 2 块未知的岩石,重复步骤 2—7。

数 据 表

	颜色	光泽	硬度(莫氏硬度)	碳	磁性	条纹颜色
岩石 1						
岩石 2						
岩石 3						

分 析

1. 根据你的实验结果回答,在你所在的地区找到的岩石属于什么矿物?给出合理的解释。
2. 是否有岩石有磁性?哪些岩石具有磁性?
3. 是否有岩石含有碳?哪些岩石含有碳?
4. 哪块岩石最硬?
5. 哪块岩石最软?

实验中将会发生什么?

人们可以通过几种不同的方式对矿物进行识别和鉴定。一些最容易采纳的方法是检验光泽(矿物反光的程度)、颜色和坚硬度(使用莫氏硬度表)。1812 年,德国矿物学家弗里德里克·莫斯(Friedrich Mohs,1773—1839)提出了划分矿物质硬度的级别。这个等级是相对的,这意味着你需要将样本与已知的实验材料做对比。莫氏硬度表能告诉你测试的样本矿物比已知材料坚硬还是柔软。晶形也是矿物的一个基本特征。比如说,图 3 所示的石英晶体是六方六边形的。

在碳酸盐矿物的测试中,酸的自由质子与矿物质中的碳酸盐离子(CO_3^{2-})发生反应形成水和二氧化碳(CO_2)。二氧化碳以气泡的形式从溶液中释放出来。这是一个具有一定破坏力的实验。具有磁性的矿物质很少,最常见的带有磁性的矿物是纯铁、铁镍和磁铁矿(铁的氧化物 Fe_3O_4)。在这 3 种矿物中,除了极少情况外,纯铁和铁镍不会自然形成,但是在陨星里能够发现这两种矿物。其他鉴别矿物的方法还包括破裂形状、条纹颜色、磁力和密度。看看你都可以利用哪些工具,你能使用更多的工具对未知矿物进行更多的检验,你就对你的结论更有信心。

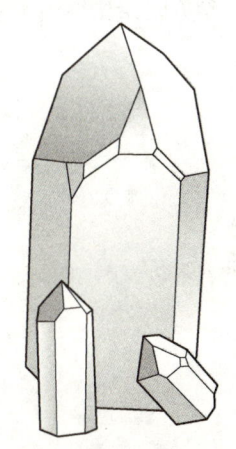

图 3 石英晶体是六面六边形的

与现实生活的联系

　　长久以来识别矿物质是人类一项至关重要的技术。鉴别矿物质的能力，以及更为重要的是知道矿物的哪些成分是有用处的——这两种能力仍然对如今的社会有重要意义。拥有大量矿物质的国家成为这些财富的输出国。没有经过验证就从周边地层掠取有价值的矿物会对周围的环境带来有害的后果。这种采伐对于矿工来说也是非常危险的。识别矿物构成和鉴定贵重矿物对人类生活有重大意义。众所周知的给人们带来利润的一个例子是石油和天然气的探测是以岩石形成的研究为基础的。地质学对于人们尝试勘测矿物是一项不可缺少的宝贵知识。

想要了解更多吗?

　　参见附录中"我们的发现"。

实验6　土壤颜色和温度

题　目

土壤颜色影响了土壤吸收和释放热量的速度。

简　介

许多生态系统的化学和生物变化过程都发生在土壤里,土壤里的热能对这些变化过程有一定的影响。土壤吸收太阳辐射产生的热量。土壤吸收的热量多少取决于多个因素,这其中包括土壤颜色、植被的数量和种类以及土壤含水量。太阳光照射地面形成的入射角也起到一定的作用。入射角越接近90°,土壤吸收的能量越多(参见图1)。土壤中的含水量影响了土壤变暖或者变凉的速度。湿润的土壤比干燥的土壤温度升高缓慢,但是却能较长时间地保持温暖的状态。测量土壤中热能的一种方法是测量土壤的温度,科学家因为多种原因要对土壤温度进行监测。土壤温度影响了种子在春天萌芽和秋天落叶的时间。土壤中发生的像分解这类的化学反应也受温度的影响。因为温度到达了某一点后再继续升高就会加快化学过程。一些昆虫幼虫以植物的根、茎和叶子为食,而土壤温度会影响这些昆虫幼虫的出现。另外,氮化合过程,即氮气转化为植物需要的氮化合物这一过程必须在土壤温度达到4.4℃才能发生。所以较低的土壤温度会限制这一重要的生态过程。

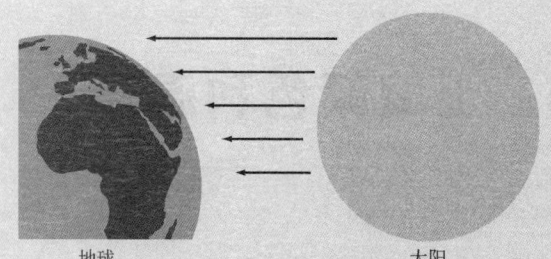

a. 太阳照射地球不同地点的角度是不同的。

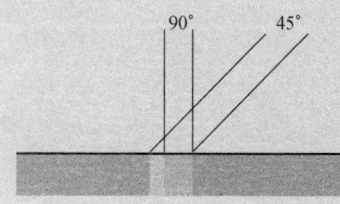

b. 在赤道附近,太阳光线的入射角为90°,土壤吸收了大量能量。越接近两极,入射角越倾斜。像图中所示的太阳以45°入射角照耀地球,土壤吸收的能量就少。

图 1

  在本实验中,你将设计并实施一项实验来观察土壤的一个特点——颜色,是如何影响土壤温度的。

实验时间

第一天 25 分钟
第二天 45 分钟

实验材料

- 沙子(约 3 杯)
- 大勺子
- 食用颜料
- 3 个大烧杯,碗或者夸脱瓶
- 3 个土壤温度计

- 带有 75 瓦灯泡的鹅颈灯
- 几张报纸
- 胶带
- 尺子
- 实验记录本

安全提示

请仔细阅读并遵守本书"实验前必读"中的"安全准则"。

实验步骤

1. 你的实验任务是设计并实施一项实验来观察土壤的颜色是如何影响土壤吸收热量的速度。为这项实验准备的土壤是沙子。你可以按照如下步骤将沙子的一部分上色。

① 将一个容器——大烧杯、碗或者夸脱瓶的 1/3 装满沙子。

② 加入足够的水覆盖沙子。

③ 将食用颜料加入沙子和水的混合物中,搅拌均匀。将容器放置在一旁使沙子充分地吸收食用颜料。如果有需要的话,你也可以将容器放置一夜。放置的时间越长,沙子的颜色越深。

④ 倒出多余的水。将报纸放在桌面或地板上,将潮湿的沙子铺在报纸上。放置一夜让沙子干燥。水蒸发后沙子就可以用于实验了。

2. 你可以使用教师提供给你的任何实验用具和材料。具体可根据实验需要进行选择。

3. 在做实验之前,决定确切的实验步骤。切记在你的实验中只有一个变量——沙子的颜色。其他条件必须保持不变。在数据表 1 上写下你的实验步骤和你计划使用的材料。将你的实验步骤和材料表展示给教师。

4. 如果教师认同你的实验,回答分析问题 1—2。如果教师没有赞同你的实验,进行修改后再次呈现给教师。

5. 一旦你得到了教师的认同,将你需要的材料收集全并开始实验。

6. 在数据表上记录实验结果。

7. 回答分析问题 3 至 5。

数据表 1

你设计的实验步骤	
你所用的实验材料	
你的教师是否同意	

分 析

1. 假设对某一观点的提议或猜想。在这个实验中,你的假设是什么?

2. 在实验中你必须控制的变量有哪些?

3. 苏济(Suzy)建议不用将沙子染色,她的小组成员将到户外收集一些深色的沙子和一些浅色的沙子。她的想法有什么错误?

4. 你的实验结果与假设一致吗?请解释你的回答。

5. 描述一个后续的实验来验证下列假设中的一个。

① 富含有机物的土壤比有机物含量低的土壤吸收更多热能。

② 夜晚土壤温度与气温相同。

③ 冬天气温下降但土壤温度不变。

④ 中午当太阳距离地面最远时,土壤温度比气温高。

实验中将会发生什么?

在该实验中,你人为地将实验使用的土壤染上了颜色。然而,在大自然中,土壤的颜色取决于土壤与生态系统中生物及非生物元素的相互作用。富含有机物的土壤比不含有机物的土壤颜色深。富含氮元素的土壤比缺少氮元素的土壤更肥沃,颜色更深。如果土壤受侵蚀较为严重,颜色就会变浅,会变成白色、棕色或者灰色。

你的实验将证明深色的土壤比白色、棕色、黄色或者红色等浅色土壤吸收更多的能量。你可以用光能解释其中的原因。可见的太阳光具有多种颜色,当阳光照射到深色物体上,大多数的能量被吸收,极少的能量被反射回去(参见图2)。被吸收的能量增加了土壤中的能量。这种能量被转化,之后以红外线这种波长更长的能量形式释放出去。能量守恒定律可以解释这一能量转化过程。守恒定律的基本内容是能量既不会被创造也不会消失,它只能从一种形式转化为另一种形式。阳光照射到浅色的土壤上,大部分的能量被反射回去而没有被吸收。

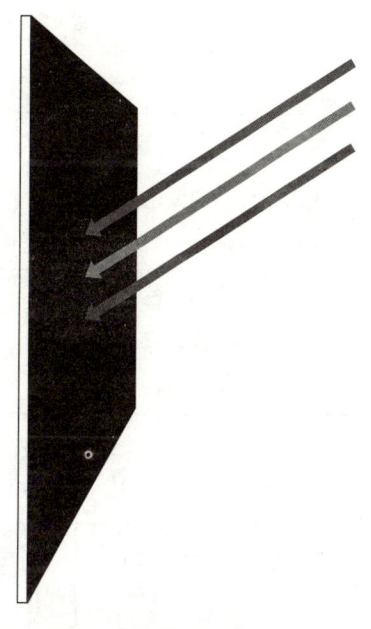

图2 深色的物体吸收光的所有波长

与现实生活的联系

土壤的颜色可以为我们提供一些信息,以便更好地了解土壤的来源和土壤里发生的化学过程。

土壤里复杂的化学和生物变化过程相互作用决定了土壤的颜色。表层土的颜色主要由类似于有机物分解这种生物变化过程决定。高等级的有机物使土壤颜色变深。下层土的颜色主要由物理和化学变化过程决定。水、铁和其他矿物质之间的变化产生了化合物,化合物使土壤呈现出特定的颜色。数据表2展现出了颜色、有机物或者化学及物理变化之间的相互关系。

科学家通过检验色调、明暗关系和色度这3个特性来评价土壤的颜色。然后将3个特性与标准的孟赛尔颜色系统做对比。色调是反映颜色波长的数据;明暗关系反映出土壤颜色的深浅;色度描述色彩的饱和度。人们用这一体系描述样本中占主要成分的土壤类型。一些地区的土壤也许是杂色的,除了主要的颜色外还有其他颜色。杂色的土壤可能是由于排水或者通风造成的。杂色土壤一般存在于肥沃的表层土和少氧的压实土之间。图3展示了两块土地之间存在杂色,该部分不能使植物的根茎存活。如果表层土存在杂色,那整个区域可能会有排水困难。深层土中存在杂色区域证明了表层土排水状况良好。

数 据 表 2

土 壤 颜 色	原　　因
表层土棕色到黑色	有机物
下层土黑色	镁
下层土黄色到红色	氧气充足、排水好的土壤中含有铁化合物
下层土灰色到青绿色	缺少氧气、排水不好的土壤中含有铁化合物
下层土白色或灰色	可溶于水的碳化合物

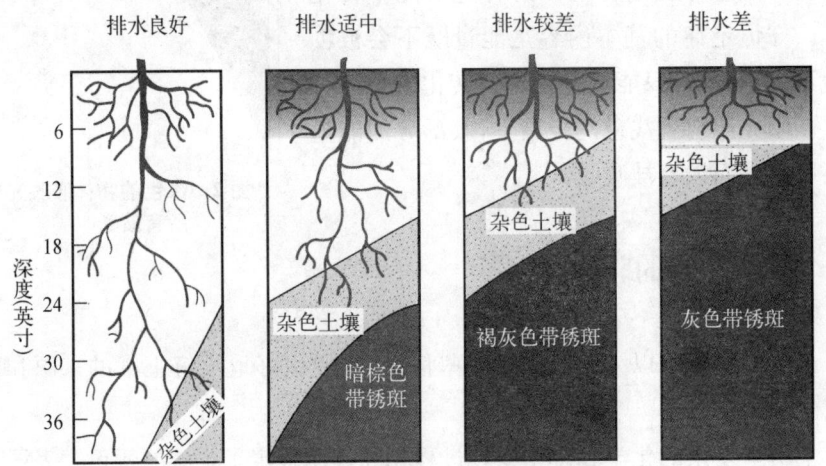

图 3　杂色土介于易于根茎生长的肥沃的表层土和色泽暗淡的缺少氧气的灰色土壤之间

想要了解更多吗？

参见附录中"我们的发现"。

实验 7　边坡稳定性

题　目

土坡的稳定性受到如下几个因素的影响：土坡的角度，土壤颗粒的种类以及土壤中的水含量。

简　介

山是地球上最为常见的地形之一。因为山非常普遍，人们在山上建造了数百万的建筑物，其中有家园、商业店铺和公路。山的两个面形成了斜坡。那些角度小的斜坡是稳定和安全的，而具有陡峭角度的斜坡更容易被侵蚀，山坡上的土壤更易滑动从而导致山崩。因此，人们经常在决定利用某个山坡前先测量山坡的角度。

重力是决定山坡稳定性的重要因素。重力将任何事物引向地球中心。平坦的土地受到的重力是垂直向下的，因此土壤并不会移动。而斜坡上的土壤受到的重力是由两部分组成。如图 1 所示，垂直于斜坡的重力 G_p 使土壤固定在斜坡上。平行于斜坡的另一个重力 G_t 使土壤受到平行向下的剪应力。斜坡越陡峭，剪应力越大，重力产生的稳定性就越小。

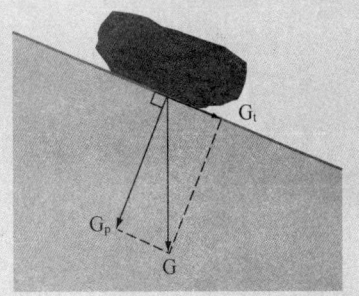

图 1　土坡的稳定性受到垂直于斜面的重力 G_p 和平行于斜面的重力 G_t 的影响

所有阻止土壤下滑的力组合在一起叫做切变强度。这些力包括内聚力——土壤分子之间的引力；摩擦力——阻止土壤移动的力。如果剪应力大于切变强度，斜坡上的土壤就会塌方。土壤类型、位置和土壤的含水量决定了内聚力的大小。

你将在实验室里设计一项实验，测量影响斜坡土壤下滑的这些因素中的一个是如何起作用的。

实验时间

第一部分：35分钟
第二部分：55分钟

实验材料

- 沙子（约3杯）
- 黏质土（约3杯）
- 粉砂土（约3杯）
- 壤质土（约3杯）
- 长约30厘米、宽15厘米的纸板
- 尖头文件夹按钮
- 量角器
- 尺子
- 剪刀
- 碎冰锥
- 水
- 报纸
- 干净的大金属食品罐（将食品罐两端去掉）
- 实验记录本

> **安全提示**
>
> 　　请小心使用碎冰锥。请仔细阅读并遵守本书"实验前必读"中的"安全准则"。

实验步骤：第一部分

1. 用干沙堆出实验中用于对照的标准斜坡。遵循以下步骤：
① 将报纸铺在桌面或者地板上。
② 将食品罐放在报纸中央。
③ 将食品罐装满沙子。
④ 轻微地抬起食品罐。食品罐中的沙子将形成一个斜坡。

2. 制作一个测量角度的工具。遵循以下步骤：
① 剪出 2 个长方形的纸板条，每个长 15 厘米、宽 2.5 厘米。
② 用碎冰锥小心地在每个纸板条的末端穿一个孔。空大约离纸板条末端 1 厘米。
③ 使用扣钉将两个纸板条固定在一起，使两个纸板条可以围绕扣钉旋转（参见图 2）。

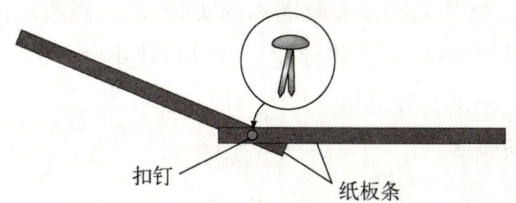

图 2 这个测量角度的工具可以被用来比较斜坡陡度

3. 测量斜坡的角度。将制作的量角工具放置在沙堆旁。如图 3 所示，将一个纸板条置于地板或者桌面上。将另一个纸板条展开斜靠在沙堆上。

4. 将自制的纸板条量角工具拿掉，保持量角时的状态。用量角器量出角度大小。将该角大小以角 A 为名记录在你的实验记录本上。回答分析问题 1。

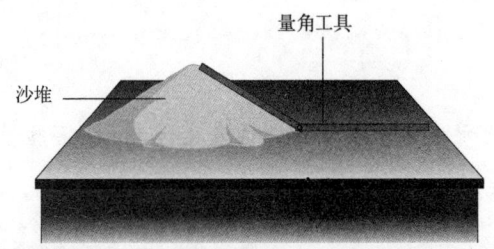

图3 将量角工具靠沙堆放置,将一个纸板条放置在地板或者桌面上,另一个纸板条展开斜靠在沙堆上

实验步骤:第二部分

1. 设计并开展一项实验研究变量是如何影响角 A 的。你将使用 A 部分沙堆形成的角 A 作为对照。变量可以包括增加到土壤或土壤混合物里的含水量(你可以选择水量的多少)。你可以和小组成员一起讨论要测试的其他变量。比如说,你可以测量在沙子中增加干燥白土颗粒是否影响斜坡的稳定性。一定要你决定实验中需要测量的变量,回答分析问题2。

2. 你可以使用教师提供给你的任何实验用具和材料。具体可根据实验需要进行选择。

3. 在做实验之前,决定确切的实验步骤。在数据表上写下你的实验步骤和你计划使用的材料。将你的实验步骤和材料表展示给教师。如果教师认同你的实验,请开始实验。如果教师没有赞同你的实验,进行修改后再次呈现给教师。

4. 在得到了教师的认同后,将你需要的材料收集全并开始实验。

5. 在数据表上记录实验结果。

6. 回答分析问题3—6。

数 据 表

你设计的实验步骤	
你所用的实验材料	
你的教师是否同意	

分 析

1. 实验步骤第一部分中 A 角的角度是多少？
2. 你的实验假设是什么？
3. 为什么一次只能检验一个变量？
4. 实验步骤第二部分中产生的角度比实验步骤第一部分的角 A 大还是小？
5. 你的结论证明了你的假设吗？为什么？
6. 请为你刚刚进行的实验设计一个后续实验。

实验中将会发生什么？

如果你曾经在海滩或家后院的沙盒里堆过沙堡，你很有可能使用过湿沙。你可以用湿沙堆砌起城堡耸立的城墙并在城堡顶端建造一圈塔楼。如果沙子是干的，想要搭建城堡是根本不可能的。这一现象与水分子的凝聚力和摩擦力有关。沙子分子之间含有空气，水增加了沙子的重量，因为水充满了沙子分子之间的空隙并取代了原有的空气。受重力的影响，水增加到一定程度会有助于斜坡的稳定性。同时，水分子的表面张力将沙子颗粒更加紧密地固定在一起。水是一种极性化合物，因此水分子彼此相互吸引。当沙子微粒外面包裹一层水时，水分子之间的引力将沙子微粒紧紧固定在一起。

当沙子干燥时，沙堆的稳定性很大程度上取决于微粒之间的摩擦力。微粒体积越大摩擦力越大。所以一堆干沙比一堆干粉形成的斜坡更倾斜。

与现实生活的联系

许多自然因素造成了山崩，例如某地区的地质状况以及大量的降雨。然而，正是人类自己造成了多次山崩：对山坡进行改造，砍伐树木和植被造成了山崩。植被通过将土壤分子牢牢固定住来增加斜坡稳定性。2006 年 2 月，菲律宾莱特岛（Leyte Island，Philippines）发生了山崩，1 000 多人被埋葬在了泥土中。造成山崩的原因是人们任意砍伐当地的树木并且没有进行后续的栽种，是树木和其他植被通过根部将土壤固定在原有的位置。与此同时，土壤里多余的水分被根部吸收并通过树叶蒸发，这一过程也使该地区的土壤更加牢固。2010年10月在中国东部台风凡亚比（Fanapi）带来的强降雨造成了山崩和水灾。在台湾岛，居民们不得不爬到山上离开被水淹没的低地区域。然而，山区并不安全，因为强降雨会造成山崩。结果，18个人死于山崩，至少44人在暴风雨中受伤严重。

地壳的局部运动例如地震和火山爆发也可以造成山崩，强烈晃动的土壤和岩石会将松散的物质转移。2008年5月，中国汶川遭遇了里氏震级8.0级强烈地震，之后的余震造成了破坏性极强的山崩，城市被泥土和岩石淹没，造成巨大损失。

想要了解更多吗？

参见附录中"我们的发现"。

实验 8　沙丘的侵蚀

题 目

栅栏可以减小沙丘的风蚀。

简 介

　　风可以移动松散的土壤。像泥沙这样的土壤微粒可以被风吹到很远的地方。然而,与其他种类的土壤相比,沙子微粒相对较重,所以它们不可能被吹到太远的地方。被风移动的沙子在降落之前不会移动太远的距离。短时间内,沙子微粒再次被吹起和降落。图 1 展示了这种沙子特有的短距离移动过程,这一过程叫做跳跃。

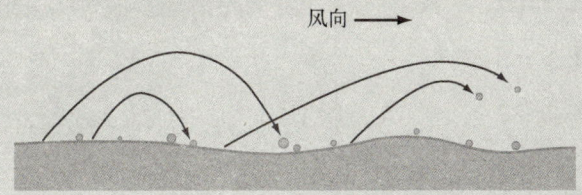

图 1　风吹起沙子微粒将它们移动了一小段距离

　　风吹动沙子形成的沙堆叫做沙丘。大多数情况下沙丘形成于沙子干旱的地区。沙丘不具有对称结构。沙子在顺风一侧堆积起来,风吹向坡顶并从顶端向倾斜面更加陡峭的斜坡前面移动(参见图 2)。风在沙丘前面下降,风速减慢,风携带的沙子微粒掉落下来。慢慢地,沙子不断地从

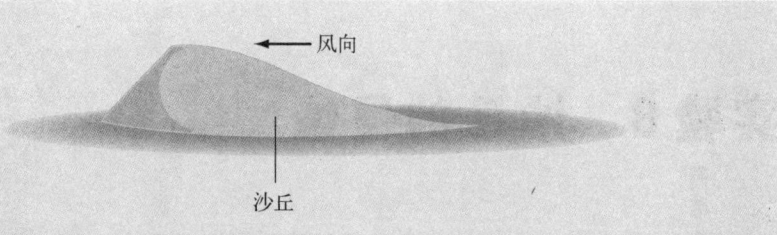

图 2　风将沙子吹上斜坡并在沙丘陡峭的一侧沉积

沙丘后面吹到前面,使沙丘在逆风一侧受到侵蚀并在顺风一侧增大。因此沙丘朝顺风方向移动。在本实验中,你将观察到沙子微粒是如何受风影响的,同时你将对两种常用于阻止沙子侵蚀的障碍物的有效性进行比较。

实验时间

65 分钟

实验材料

- 大的浅塑料盒子(例如贮藏容器),不要盖子,至少 1 米长、15 厘米深
- 沙子(在塑料盒子里的深度达到 10 厘米)
- 冰棒棍(12 支)
- 细绳(约 1 米)
- 布(几根窄布条)
- 尺子
- 电池驱动的电扇
- 延长线
- 带有秒针的钟或者计时器
- 户外区域
- 实验记录本

> **安全提示**
>
> 请小心使用电扇。在户外地区不要远离教师。请仔细阅读并遵守本书"实验前必读"中的"安全准则"。

实验步骤

1. 跟随教师到户外,选择可以开展实验的地方。以小组为单位,将沙子放在塑料盒中,沙子深10厘米。将沙子铺平使沙子顶层平坦。

2. 在你的实验记录本上,将沙子的状态画下来。测量不同位置的沙子高度,并将高度记录在实验记录本上。

3. 将电扇固定在盒子的一端,打开电扇吹3分钟,观察沙子的变化。

4. 3分钟之后关上电扇,一些沙子极有可能改变了位置。将沙子的状态画在实验记录本上。测量不同位置的沙子高度,将测量结果记录下来。测量时不要改变沙子的位置。在沙子减少最多的地方做记号。

5. 3分钟后重复实验步骤3—4,但要使实验时间扩展到6分钟。

6. 继续重复实验步骤3—4,但将实验时间扩展到9分钟。

7. 回答分析问题1—3。

8. 将沙子铺平,恢复实验步骤2之前的状态。如果有必要的话,放入更多的沙子。

9. 将一排冰棒棍放在风蚀较为严重的地方。

10. 重复实验步骤3—6。

11. 回答分析问题4。

12. 将冰棒棍撤掉,使用胶水或者钉书钉将冰棒棍粘到布条上。

13. 将沙子铺平,恢复步骤2之前的状态。如果有必要的话,放入更多的沙子。将粘到布条上的冰棒棍放在与步骤9相同的位置。

14. 重复实验步骤3—6。

15. 回答分析问题5—7。

分　析

1. 3分钟后盒子中沙子的布局发生了怎样的变化?
2. 6分钟后盒子中沙子的布局发生了怎样的变化?
3. 9分钟后盒子中沙子的布局发生了怎样的变化?
4. 在电扇吹了3、6、9分钟后,沙子被吹走了一部分,冰棒棍对被风吹走的沙子总量有何影响?
5. 在电扇吹了3、6、9分钟后,固定在冰棒棍上的布条对风吹走的沙子总量有何影响?
6. 如果你负责减少海滩沙丘的侵蚀,你将怎么做?请详细说明你的计划。
7. 法律规定在一些海滩破坏沙丘上的植被(如海燕麦等)是违法的。你认为这其中的原因是什么?

实验中将会发生什么?

风扇产生的风用来模拟刮过干旱、松散沙地的自然风。大风可以吹起沙子微粒将其携带一小段距离。在该实验中,未做防护的沙子被风吹起并被移动到塑料盒中较远的一端。插在沙子中的冰棒棍可以起到阻碍风速的作用。如果将冰棒棍粘到布条上,风力就会进一步被减弱。

在自然环境下,小的沙子微粒被移动而大的沙子微粒留在原地时会形成波纹。波纹的方向与风向相垂直。当风速减慢时,风携带的沙子会沉积。沙区的自然界不规则现象可以减慢风速从而形成沉积。沙地里的一些小型植物或者岩石也会造成沉积,从而形成沙丘。

与现实生活的联系

海水冲击海岸将沙子冲到沙滩。低潮时沙子变干,每一次刮风时,一些沙子微粒会被吹到离海岸更近的地方形成沙丘。沙丘形成的这一过程极其缓慢,有的甚至需要几十年的时间。新形成的小型沙丘被叫做雏形沙丘,雏形沙丘是沙子围绕突起的物体聚积形成的。沙滩上突起的物体可能是岩石、成堆的海草或者海鸟的尸体。久而久之,如果新生成的沙丘一直存在,一些抗干旱的草就会生根。

草可以使沙丘更加牢固,沙丘的高度会增加到 5 米以上。一旦沙丘达到这样的规模,另外一些如海蓬子这样的先驱植物就可以得以生长。草和海蓬子发达的根系可以将沙子微粒固定在一起。当植物和动物死亡时,它们的残骸会被细菌、真菌和各种清道夫分解,土壤的结构也会因此改变。这些有机物使土壤肥沃,其他种类的植物就可以在此生长。慢慢地,昆虫就出现了,鸟和小型蜥蜴也因此有了食物。

尽管沙丘是地质组成的一种形式,并且在生态系统中具有独一无二的价值,但是它仍然受到人类活动的威胁。位于海洋和内陆地区的沙丘是人类交通的必经之地,沙丘越受到人类的干扰就越容易被损害。一些地区,人们安放了沙丘护栏来阻止沙地损失(参见图3)。护栏使风速减慢,风所携带的沙子就会掉落。如果护栏被成行地安放在自然植被附近,防护效果会更好。平行于海岸安放整齐的护栏比曲折安放的护栏更能有效地阻挡风携带沙子。1.2 米高的护栏在 2 年时间内会拦截大量的沙子。

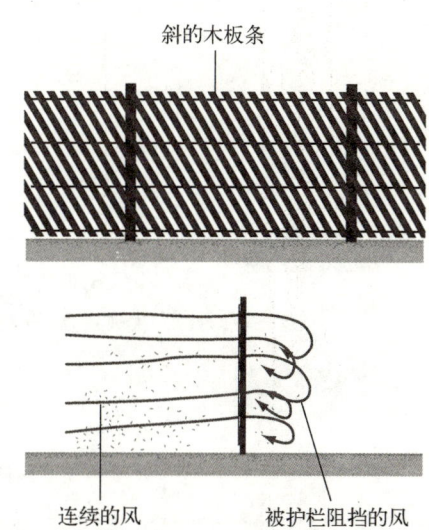

图3　护栏的木板条使风速减慢并使沙子沉积

想要了解更多吗?

参见附录中"我们的发现"。

实验 9 为岩石命名

题 目

使用岩石密码可以确定岩石的名字。

简 介

  岩石是由两种或多种矿物天然聚合形成的。如果你在校外发现了一块岩石,你将如何辨认?你首先要做的是确认岩石属于三大种类中的哪一种。这三大种类是火成岩、变质岩和水成岩。炽热的熔岩冷却凝固形成火成岩。火成岩坚固并且在通常状况下颜色较深。这些岩石也许有可见的微粒,看起来像黑色的玻璃或者具有泡状的纹理。花岗岩、黑曜石和玄武岩都属于火成岩。

  现有的岩石遭受热和压力发生改变后形成变质岩。发生改变后的岩石颜色各异。一些变质岩,如板岩,有叶理或层次。还有一些变质岩,如大理石,比较坚硬并且有珍珠一样的光泽。"光泽"这一术语是指岩石或者矿物质对可见光的反射能力。岩石呈现出多种光泽,比如说有的岩石具有金属光泽,这些岩石像金属一样闪耀。而看起来像干燥泥状的矿物则具有土状光泽。

  水成岩主要是由先成岩石的风化物质再堆积而成,或者由先成岩石在水体中沉积形成的。水成岩的颜色从浅色变化到灰色或者棕色。一些水成岩包含碳酸盐,如果将酸滴到这些岩石上,碳酸盐与酸相互反应会产生气泡。使用岩石密码可以确定野外所发现的岩石的种类。岩石密码是一系列是非题。在本实验中,你将使用岩石密码确定几种岩石。然后,你将设计你自己的岩石密码。

实验时间

55 分钟

实验材料

- 大烧杯或者碗(大小形状类似于盛装谷物的碗)
- 水
- 醋的滴瓶或 10% 浓度的盐酸
- 手持透镜
- 3 组岩石样本
  火成岩
  变质岩
  水成岩(岩石名字已经被注明)
- 小铁锤
- 手套
- 护目镜
- 实验记录本

安全提示

　　请小心使用酸;请佩戴手套和护目镜;请仔细阅读并遵守本书"实验前必读"中的"安全准则"。

实验步骤

1. 使用火成岩岩石密码确定每块火成岩的名字。每个密码试题包括两个陈述。当你选择正确的陈述时,你将按要求回答下一个问题。或者你将直接看到给出的岩石名字。如果有必要的话,使用手持透镜检查岩石样本。

2. 回答分析问题1—2。

火成岩密码

1. a. 岩石的晶体可见。 b. 岩石的晶体不可见。	见密码2 见密码3
2. a. 岩石的晶体较大。 b. 岩石的晶体较小。	花岗岩 流纹岩
3. a. 岩石表面不透明没有光泽。 b. 岩石表明透明有光泽。	见密码4 黑曜石
4. a. 岩石较沉,不能漂浮在水上。 b. 岩石较轻,可以漂浮在水上。	玄武岩 见密码5
5. a. 岩石色彩鲜艳有小气泡。 b. 岩石色彩暗淡有大气泡。	浮石 熔渣

3. 使用变质岩岩石密码确定每块变质岩的名字。如果有必要的话,使用手持透镜检查岩石样本。

4. 回答分析问题3—4。

变质岩密码

1. a. 岩石有叶理(分层)。 b. 岩石没有叶理。	见密码2 见密码3
2. a. 岩石光泽较暗。 b. 岩石缺少光泽但是有可见的纹理。	板岩 见密码4
3. a. 使用放大镜发现岩石是颗粒状的。 b. 岩石结晶并有珍珠似的光泽。	硅岩 大理石
4. a. 岩石上光亮和深色条纹交互存在。 b. 岩石具有平行片层。	片麻岩 片岩

5. 检查已经标注名字的水成岩,为这组岩石设计你自己的岩石密码。你所设计的水成岩岩石密码可能会包括如下特征:是否存在分层;组成岩石的颗粒大小;在岩石上滴上少量的酸是否会产生气泡。

6. 回答分析问题5—6。

分 析

1. 浮石和黑曜石都是岩浆冷却形成的。请描述两者外形的差异。差异形成的原因是什么?
2. 为什么浮石和熔渣可以漂浮?
3. 哪种变质岩在轻微地撞击时会发出叮当声?
4. 比较片岩和片麻岩,这两种岩石明显的区别是什么?
5. 哪种水成岩分层?
6. 哪种水成岩的颗粒可见?
7. 哪种水成岩接触酸时产生气泡?

实验中将会发生什么?

岩石密码是帮助你通过外形或化学性质辨认岩石的非常有价值的工具。火成岩的特征是由形成过程中冷却速度和压力决定的。表面具有玻璃光泽的黑曜石和遇酸会产生气泡的浮石冷却较为迅速。冷却较为缓慢的岩石有足够的时间形成结晶。玄武岩和流纹岩是岩石表面冷却较慢的两种火成岩,这两种岩石有相对较为成形的纹理。花岗岩的纹理较为粗糙,因为花岗岩是在地下形成的,冷却的速度较慢,有足够的时间形成纹理。

现有的岩石遭受极度的热和压力从而发生改变形成变质岩。不同的热量和压力产生不同的岩石(参见图1)。板岩是具有叶理和较暗光泽的变质岩。比板岩受到更多热量和压力的大理石、片岩和硅石缺少可见的叶理。在极度热量和压力

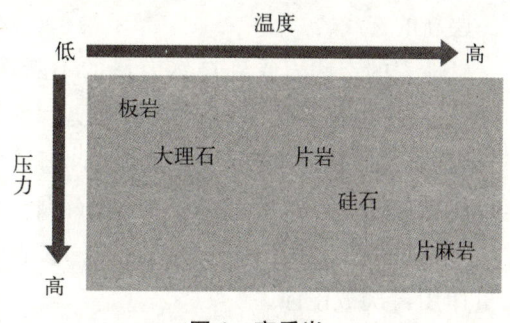

图1 变质岩

下形成的片麻岩是该实验中最坚硬的变质岩。

当沙子、粉砂或者黏土颗粒被磨损、再次沉积并受到一定压力后会形成水成岩石。岩石颗粒的大小决定了岩石的种类（参见图2）。页岩和泥岩是由小颗粒形成的。砂岩和砾岩由稍大一些的颗粒形成的。石灰石和白云石都是碳酸盐。尽管地质学家对于白云石是如何形成的持不同的观点，但是他们都认为石灰石是海洋有机物骨骼残骸沉积形成的。白云石和石灰石与酸反应都会产生气泡，但是白云石与酸反应的速度非常缓慢。

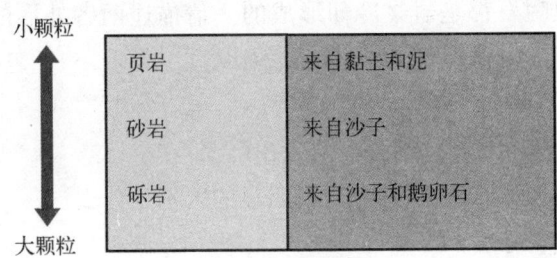

图2　水成岩

与现实生活的联系

地球表面的岩石变化不是静止的，岩石通过一系列的活动发生变化。一些活动叫做岩石循环，岩石循环没有起点也没有终点，是时刻都在进行的过程。一些岩石的循环过程极其缓慢，在数百万年的时间里岩石不断地发生着变化。而有一些岩石会在人们的观察下发生着改变。比如2010年冰岛火山爆发将灼热的熔岩、灰和气体带入大气层。但大量的岩浆没有达到地表，而是在地下慢慢地冷却形成了辉长岩。然而，从火山山坡上流下来的熔岩非常迅速地冷却，形成了一层新的玄武岩。

地表的玄武岩受到自然力量的不断作用，逐渐变为细小的颗粒。久而久之，这些小的颗粒会被风或水带到更远的地方再次沉积。而在地下形成的辉长岩的侵蚀过程则需要更长的时间，它必须被移至地表，岩石表层的物质才有可能被侵蚀。在这两个例子中，岩石颗粒都经过了沉积形成沉积层。沉积层越来越沉，压缩内部物质形成岩石。水成岩也可能从地下移至地表，受自然力量作用再次被侵蚀。

构造板块相互碰撞时，位于板块边缘的岩石被削减或推起。熔化的岩石被推起，新的变质岩从火山喷发出来形成新的火成岩。通过这种方式，岩石得以循环（见图3）。

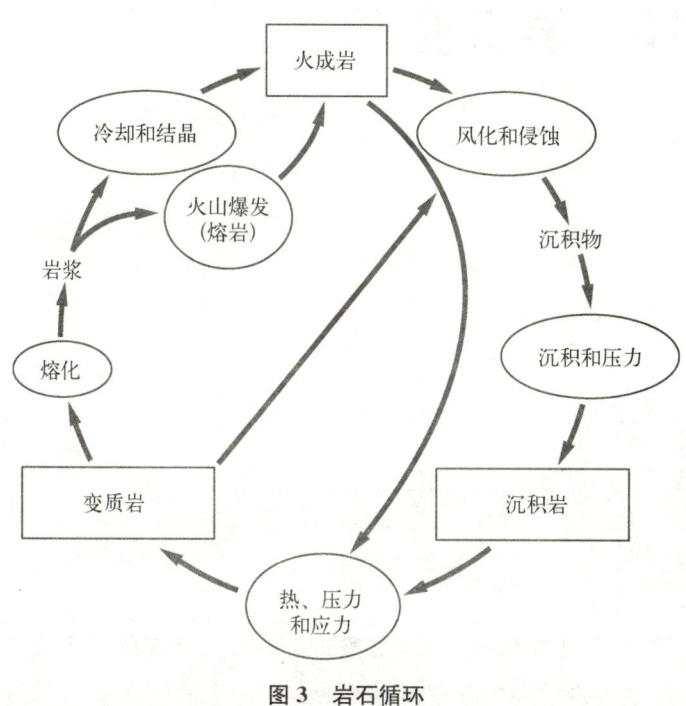

图3　岩石循环

想要了解更多吗？

参见附录中"我们的发现"。

实验 10　岩石变形

题　目

地球外壳的岩石层受热和压力后重新排列。

简　介

地球外壳,即地球的最外层,是不断变化的。外壳的岩石受到高温和强烈压力等作用力的影响不断被挤压和拉伸。外壳岩石在这些外力的作用下产生变化,形成断层和褶曲。研究岩石的地质学家将岩石所受的压力分为 4 种(参见图 1)。

1. 等静压力是各个方向都相等的压力。这种压力使岩石的体积发生变化,对岩石的形状没有影响。

2. 抗压应力挤压岩石从而造成断层或褶曲。受应力压力作用的区域外壳变厚。

3. 张应力将外壳向相反方向拉伸使其延长。受张应力作用的区域外壳变薄。张应力较大会造成断层。

4. 剪应力将外壳向两个相反方向推动和拉伸。比如说,剪应力可以将一个正方体的岩石变成菱形。

由压力造成的褶曲可能是对称、非对称、翻转及斜歪褶曲(见图 2)。每种褶曲都体现了解剖学原理。轴面是虚构的线,将褶曲分成两个部分。褶皱轴是弯曲度最大的地方。分支是褶曲的两侧。岩石层的褶曲向上凹陷是

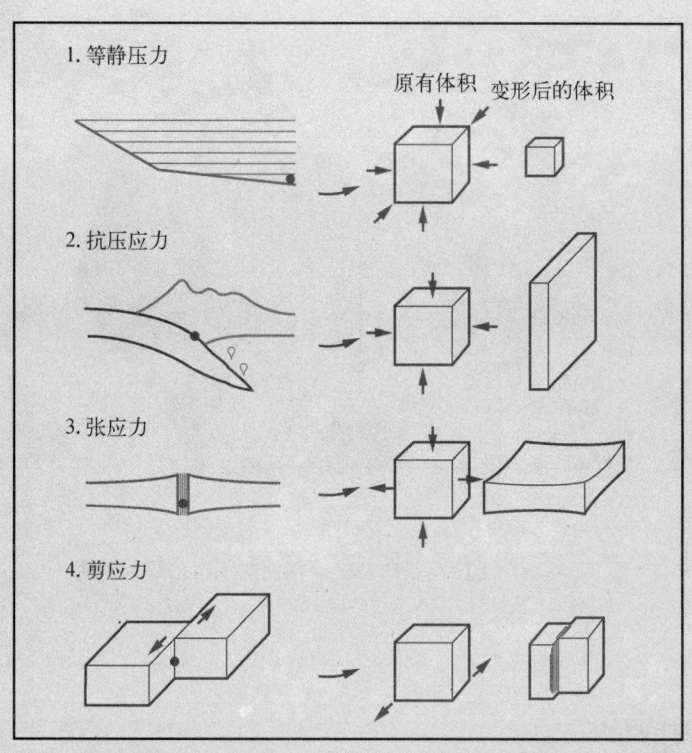

图1 压力和应力影响外壳的体积和形状

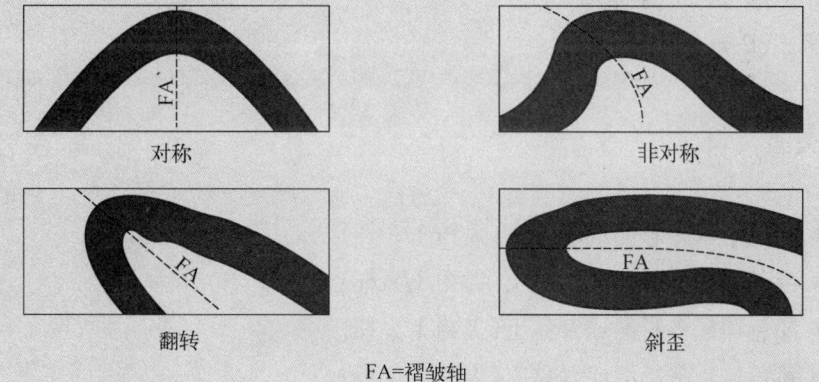

FA=褶皱轴

图2 岩石层不同的褶曲种类

向斜。褶曲向下凹陷是背斜(参见图3)。在本实验中,你将发现作用于地球外壳形成褶曲的压力有多强大。

实验10 岩石变形　151

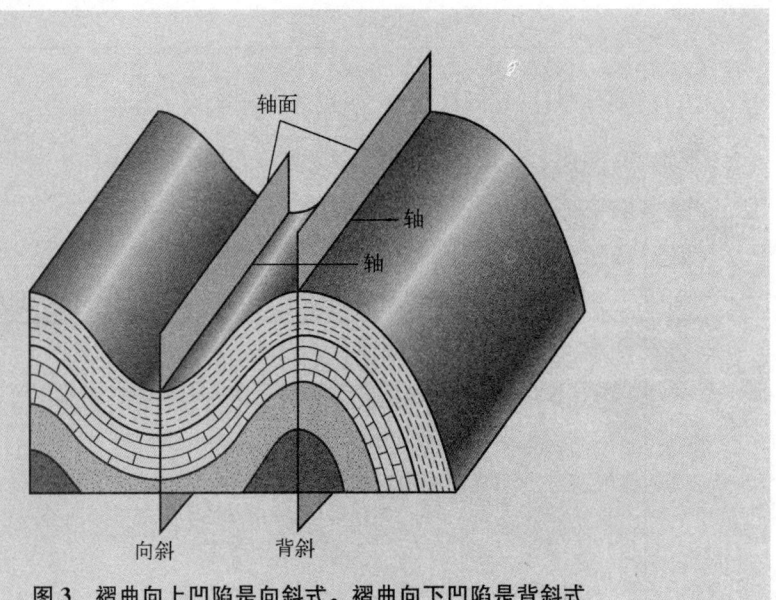

图3 褶曲向上凹陷是向斜式。褶曲向下凹陷是背斜式

实验时间

第一部分：30分钟
第二部分：45分钟

实验材料

- 红色培乐多彩泥或者黏土（大约1/2杯）
- 蓝色培乐多彩泥或者黏土（大约1/2杯）
- 绿色培乐多彩泥或者黏土（大约1/2杯）
- 黄色培乐多彩泥或者黏土（大约1/2杯）
- 塑料刀
- 蜡纸
- 彩色铅笔
- 擀面杖

- 剪刀
- 胶带
- 胶水
- 图 5 影印版
- 实验记录本

> **安全提示**
>
> 请仔细阅读并遵守本书前面的"实验前必读"中的"安全准则"。

实验步骤：第一部分

1. 将一层蜡纸铺在桌面。

2. 使用擀面杖将每一种颜色的培乐多彩泥或者黏土碾成厚度为 1 厘米的彩泥层或者黏土层。四种颜色的彩泥层或者黏土层要有同样的大小和形状。

3. 将彩泥层或者黏土层按照如下顺序堆放：红色（最下层）、蓝色、绿色和黄色，堆放后形成一个分层的彩泥块或者黏土块。

4. 在彩泥块或者黏土块上施加压力。将双手放在彩泥块或者黏土块两侧。慢慢地向中心挤压，仔细观察彩泥块或者黏土块的变化。一旦出现褶曲就停止挤压。

5. 为了了解多年侵蚀作用下的褶曲的形状，从彩泥块或者黏土块顶端小心地切下 1 厘米的薄片（提示：你可以将彩泥块或者黏土块放倒之后进行切割）。

6. 从顶部和前部观察彩泥块或者黏土块，两个角度观察到的彩泥块或者黏土块有什么区别？使用彩色铅笔将从两个角度观察到的情况画在实验记录本上。

7. 为了进一步观察侵蚀程度，将彩泥块或者黏土块再小心地切下 2.5 厘米。

8. 从顶部和前部观察彩泥块或者黏土块，两个角度观察到的彩泥块或者黏土块有什么区别？使用彩色铅笔将从两个角度观察到的情况画在实验记录本上。

9. 重复实验步骤 7—8。

10. 画完图后,将培乐多彩泥或者黏土上的各个颜色分开,将每一种颜色的培乐多彩泥或者黏土碾成1厘米的彩泥层或者黏土层。

11. 使用彩泥层或黏土层示范交界处的向斜和背斜是如何形成的。

实验步骤:第二部分

1. 沿实线从图5影印版上剪下盒子。每个盒子代表一个带有褶曲构造的外壳块。

2. 盒子A展现出外壳块前部的构造,根据已知的构造,将另外四面的构造画出来。

3. 使用适当的颜色将每个盒子的顶部和侧面涂色。

4. 将盒子沿虚线折叠并用胶带或者胶水粘在一起。

5. 盒子B展现出外壳块顶部的构造,请将此外壳块另外四面的构造画出来。

6. 重复步骤3—4。

分 析

1. 图4展示了地球外壳的岩石块。检查每块岩石的褶曲并标注出褶曲是向斜还是背斜。然后标注出褶曲的类型:非对称、对称、翻转或者斜歪。

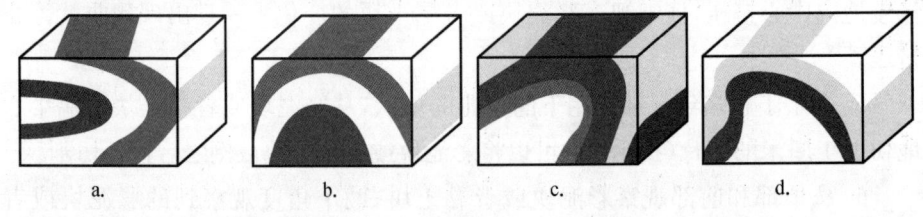

图 4

2. 你在彩泥块或者黏土块上施加的力产生了哪种类型的褶曲:非对称、对称、翻转或者是斜歪?

3. 解释实验步骤11中你示范黏土交界处的向斜和背斜的形成方法。

4. 地质学家从地表观察岩石层然后对地下岩石褶曲进行构思。你在图5中涂出构造的颜色展现褶曲立体形象时就模拟了地质学家构思地下岩石褶曲的过程。构造A中的褶曲类型是什么?构造B呢?

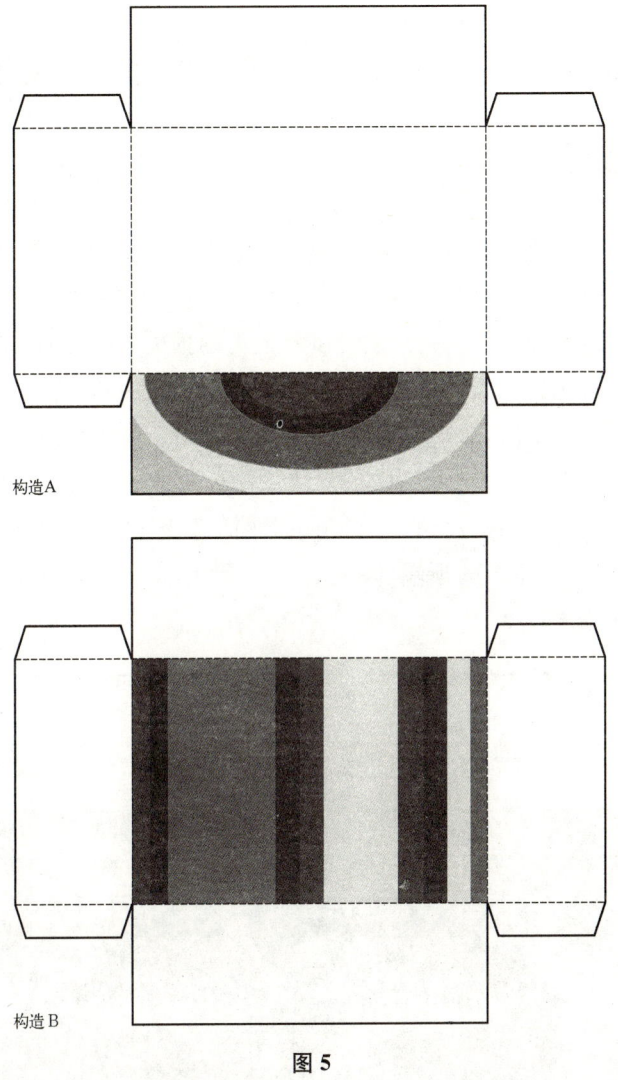

构造A

构造B

图 5

实验中将会发生什么?

在该项实验中,你示范了地球外壳的褶曲是如何形成的。4 层彩泥或者黏土代表了外壳的 4 层岩石。当你压缩彩泥或者黏土时,你就创造了褶曲。地质学家仅从地表观察地质构造,他们几乎不能观测到完整的立体构造。他们利用掌握的外壳褶曲的知识去预测地下岩石层的构造。在该项实验中,你使用折纸做出的褶曲形状可以帮助你预测岩石层的立体构造。构造 A 中,你可以在前端看到背斜。而在更为复杂的构造 B 中,可以看到背斜相邻的向斜的顶部。

与现实生活的联系

地质学家了解地下岩石层的构造是有一定现实意义的。通过确定地壳褶曲的位置,地质学家可以勘测到化石燃料、地下水和矿层。准确地识别褶曲构造可以避免在错误地方开采带来的巨大经济及人力的损失。勘测石油和天然气的地质学家知道这些化石燃料密度较低,易于向地壳上部移动。除非这些物质受到非渗透性岩石层的阻碍,否则它们将最终到达地表。一些褶曲非常适合阻碍这些燃料。背斜由渗透性含有石油的岩石层组成,渗透性岩石层在两个非渗透性岩石层之间形成楔形结构,将石油储存在褶曲的枢纽区。天然气的密度比石油密度小,会上升到枢纽区的顶端(参见图 6)。地质学家可以通过检验地表岩石来确定背斜的位置。

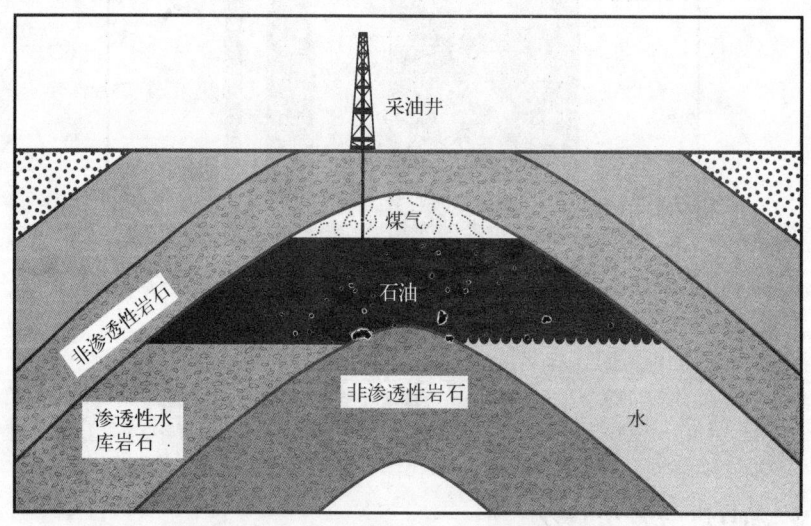

图 6 石油和天然气储存在向斜的枢纽区

想要了解更多吗?

参见附录中"我们的发现"。

实验 11　使用半衰期测定岩石年龄

题 目

岩石年龄可以通过分析放射性物质的成分来确定。

简 介

恐龙生活在 2 亿 3 千万年前。科学家通过研究深埋在岩石层中的化石得出此结论。在通过放射性测定年代的过程中,科学家可以确定岩石和化石的年龄。放射性测定年代这一技术是将自然形成的放射性物质与它们衰变的产物相比较。元素的最小微粒是原子,岩石和化石正是由原子组成的,所以对岩石和化石进行放射性测定年代是可行的。原子由 3 种亚原子微粒组成:质子、中子和电子。质子和中子在原子核内部,电子则位于核外轨道上。相同元素的所有原子并不都是一样的。许多元素具有变化的形式——同位素,同位素具有不同的中子数量。图 1 展示出了氢元素和它的两个同位素。一些同位素比较稳定,一些同位素较为活跃。

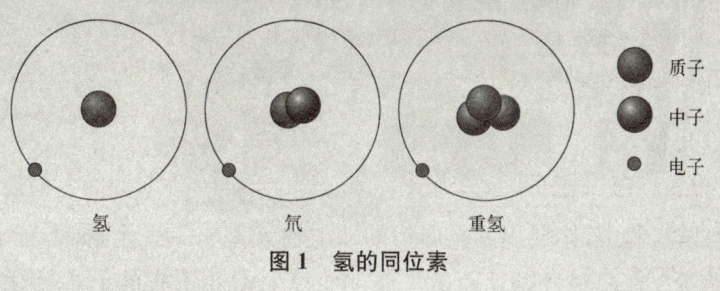

图 1　氢的同位素

一个元素的不稳定同位素经历放射性衰变,在此过程中,这些不稳定的同位素变为更加稳定的原子。每种同位素的衰变速度是独特并且是可预测的。放射性元素的原子核有半数发生衰变时所用的时间,叫半衰期。科学家通过测量化石和岩石中剩余的放射性同位素的数量这种半衰期的办法来测定样品元素的年龄。在本实验中,大豆将作为假设的元素"豆元素",可以通过它来示范放射性衰变这一概念。

实验时间

45分钟

实验材料

- 干豆子,例如黑白斑豆(约400克)
- 干扁豆(约400克)
- 胶水
- 纸板
- 方格纸
- 实验记录本

安全提示

请仔细阅读并遵守本书"实验前必读"中的"安全准则"。

实验步骤

1. 在该实验中,你使用的是虚构的放射性元素——豆元素(干豆子)。半衰期1 200年后,它衰变为扁豆元素。现存的豆元素原子中的一半转化成了扁豆元素。

2. 数出128个干豆代表豆元素原子,它们是你最初的原子样本。

3. 将豆原子摆成圆形并将它们粘到纸板的左上角。将这些豆原子标注为"原始样本"。

4. 将数据表复制到你的实验记录本上,留出一定的空间方便再次添加内容。

5. 计算在1 200年以后有多少个豆原子会分解为扁豆元素。将计算结果记录在数据表里。

6. 数出适量的豆子和扁豆代表分解的豆原子及分解后形成的扁豆元素。

7. 将步骤6中的豆子和扁豆摆成圆形将它们粘到纸板上,位于代表原始样本的豆子旁边。将这组豆子标注为"1 200年"。

8. 用1 200年之后剩余的豆元素原子的数量计算再过1 200年会有多少豆元素原子转变成扁豆元素。将数字记录在数据表里。在"经过多少年"一栏写下两个1 200年,即2 400年。

9. 数出适量的豆子和扁豆来代表2 400年后发生衰变的样本。

10. 将新数出来的豆子和扁豆样本摆成圆形粘在纸板上。将这些样本标注"2 400年"。

11. 重复步骤8—10,直到样本中只剩下一个豆元素原子。将每一组样本标注出经过的年份(如3 600年、4 800年、6 000年),将你的发现结果记录在数据表上(如果有必要的话,你可以扩展数据表)。

分 析

1. 你的"豆元素"样本在分解为单一的原子前经历了几个半衰期?这需要花费多少年的时间?

2. 如果你最后的样本中包含单个的豆元素,它将经历另外1 200年的变化,你预测将会发生什么?

3. 根据实验的结果制作条形图,如何用条纹表示样本中剩余的豆元素的数量?

4. 人们可以利用放射性元素衰变测定化石等物体的年龄,你认为其中的原因是什么?

5. 如果元素X的半衰期是895年,在3 580年以后,元素X的560-原子样本将剩余多少原子?

6. 元素 X 样本(半衰期同样是 895 年)含有 420 个原子,如果原始样本含有 6 720 个原子,请你估算一下样本的年龄是多少?

数 据 表

半衰期数量	豆元素原子数量	扁豆元素原子数量	经过多少年
0	128	0	0
1			1 200
2			
3			
4			
5			
6			

实验中将会发生什么?

原子同位素发生衰变是因为它们不稳定。通常情况下,它们的不稳定性取决于原子核中带正电的质子和中性的中子之间的比率。放射性同位素有两种衰变类型:α 衰变和 β 衰变。当质子数量过多时,电极相反的亚原子微粒相互排斥,此时发生 α 衰变。在 α 衰变过程中,原子释放一个 α 粒子,这与氦原子的核子数是一样的。它们都包含 2 个质子和 2 个中子,如图 2 所示。这种类型的衰

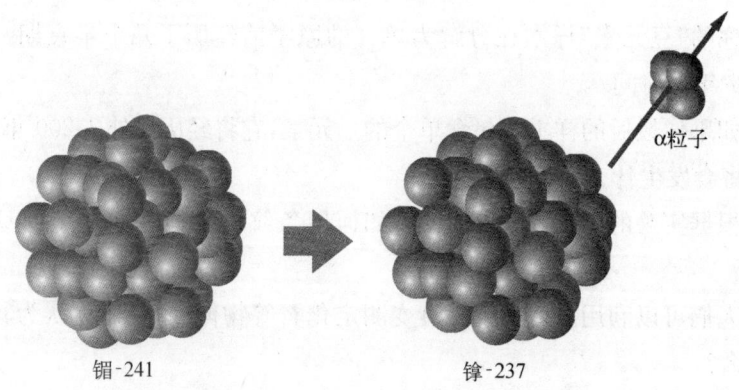

镅-241　　　　　　　　　锫-237

图 2　镅经历了 α 衰变,释放了 α 粒子,形成了更为稳定的元素锫

变产生一种新的元素,其原子数量以 2 为单位从原有的元素中减少,质量则以 4 为单位减少。

第二种衰变为 β 衰变,这一过程将释放 β 粒子。β 粒子是改变了的电子。当原子内的质子与中子的比率造成不稳定时就会发生 β 衰变。

为了重新获得稳定性,中子将变成一个质子和一个电子。电子作为 β 粒子**被释放**出去,该元素被转化为原子数量以 1 为单位增加的新元素(参见图 3)。当质子与中子的比率过低时还会发生两种不太常见的 β 衰变。其中一种为正电子放射性衰变,即质子放射出一个正电子,正电子是与电子相似的带有正电的微粒,放射过程结束后,质子变为中子。另一种 β 衰变叫做电子俘获,质子会在周围的电子云中俘获一个电子从而形成中子。在这两种 β 衰变中,在新生成的原子中,原子数量以 1 为单位减少。

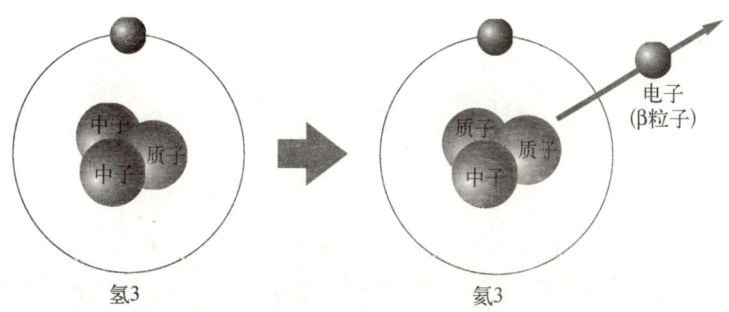

图 3　氢 3 有一个质子(P)和两个中子(n),在经历了 β 衰变后形成了氦 3,氦 3 有两个质子和一个中子

与现实生活的联系

单个的原子非常微小,以至于人们使用最高级的显微镜都观察不到它们。然而,原子并不是最小的微粒。它们是由更小的亚单位——亚原子微粒组成。多年以来,科学家过去一直以为只有 3 种亚原子微粒,即原子核中带正电的质子和中性的中子以及包围原子核的带负电的电子。然而,现在科学家们已经发现了多种更加微小的亚原子微粒,这些微粒在很大程度上影响了原子的特征。在这些种类繁多的微粒中,**夸克**和**轻子**便是其中的两种。与质子、中子和电子相比,人们对夸克和轻子的了解不多。但是夸克和轻子作为基本微粒,是原子的重要组成部分,并在一定程度上帮助决定了原子的反应方式以及核子的结合程度。

实验 11　使用半衰期测定岩石年龄

微中子是轻子的一种，它没有质量也不带电，但是却可以影响在 β 衰变期产生的电子的特征。事实上，人们认为在 β 衰变期微中子是与电子一起释放出来的。电子的辐射强度原本较大，但是释放的微中子使电子的辐射强度减弱。正常环境下，电子被释放时 γ 微粒同时被释放出来。γ 微粒有非常大的能量，能够对有机体造成危害。幸亏有微中子的存在，β 衰变不会释放出对周围有机体产生巨大危害的 γ 微粒。

想要了解更多吗？

参见附录中"我们的发现"。

实验 12　风寒

题　目

在凉爽天气里,风可以降低体温。

简　介

如果你曾用红外相机拍摄过人类或是其他温血动物的照片,就可以很容易地看到人和动物的身体里散发着热能(参见图1)。身体持续活动来保持体温的恒定。人类的平均体温是摄氏37℃。人的手臂和大腿的大骨骼肌,是人体热量的主要生产部位,当它们收缩时就会产生热量。

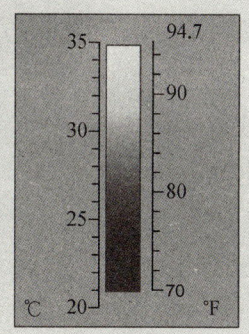

图1　红外线照相机拍摄的照片显示了这只狗的最热区域和最冷区域

人体会通过以下几种方式失去热量:一些热量通过"热传导"发散,热量的传递从分子到分子,从一种物质到另一种物质。分子碰撞后,能量从高能粒子转移到低能粒子。因此,在凉爽的天气里,热量会从你温暖的身体转移到凉爽的空气中。

此外,对流形成的能量转移会带走你身体的某些热量。"对流"是热量通过循环气流运动的过程。

对流热量转移随着空气流动速度的增加而明显增加。因此,每当空气流动时,人体就会觉得凉爽。在寒冷的天气里,流动的空气会使温度明显比实际的低。测量"风寒指数"是指测量流动空气的冷却效应。这种方法测量的并不是实际的温度,而是在无风的天气,风的冷却效果和气温的对比度。在实验过程中,你将会看到风是如何影响热传递速度的。

实验时间

55 分钟

实验材料

- 非常温暖的水
- 浅口塑料碗或小容器(大约1本书大小)
- 温度计
- 风速计
- 小型电池驱动风扇
- 铝箔
- 计算器
- 方格纸
- 红色铅笔
- 蓝色铅笔
- 时钟或有秒针的手表
- 实验记录本

> **安全提示**
>
> 使用温水时要小心。风扇靠近水时要小心使用。请仔细阅读并遵守本书"实验前必读"中的"安全准则"。

实验步骤

1. 向容器中注入 1.2 厘米深的温水。

2. 把温度计放在容器中,使温度计球部完全浸入温水中。把温度计一端靠在容器的一边,这样更方便我们读出温度。

3. 放入温度计后大概 2 分钟,读出温度数并记录在数据表 1 上标有"初始"的一行中,"温度(无风扇)"标题下的一栏里。

4. 阅读并记录 5 分钟之内每分钟的温度。

5. 重复步骤 1—4,但是这次把小风扇放在塑料容器附近(参见图 2)。打开风扇,把温度记录在数据表 1 的最后一列"温度(有风扇)"中。

数 据 表 1

时 间	温度(无风扇)	温度(有风扇)
初 始		
1 分钟		
2 分钟		
3 分钟		
4 分钟		
5 分钟		

6. 把数据表 1 中的实验结果用图表画出来。在你的图上,X 轴表示时间,用分钟表示,Y 轴表示温度。用红线表示没有风扇的温度,蓝线表示有风扇的温度。

7. 用风速计测出风扇产生的风速。把风速记录在实验记录本上。

实验 12 风寒

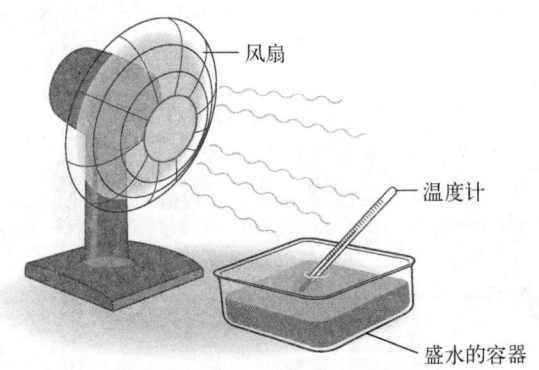

图2 将风扇放置到适当位置,使其能吹到整个装水的容器

分 析

1. 在这个实验中,哪个部分代表你的身体?
2. 在什么情况下水失热快:没有风扇的状态下,还是有风扇的状态下?
3. 在寒冷的日子里,为什么风会让你感到比无风天气要冷?
4. 如果风扇调到更快的风速,会发生什么?
5. 数据表2显示了在气温和风速已知情况下的风寒指数。在阅读风速计的基础上,教室里在40°F(18℃)的风寒指数是多少?
6. 用下列公式计算教室在40°F(18℃)时的风寒指数:

$$T_{wc}(°F) = 35.74 + 0.621\,5T - 35.75(V_{0.16}) + 0.427\,5T(Y_{0.16})$$

其中,T_{wc}是风寒指数,V是风速(英里/小时),T是气温(°F)。

7. 你计算的数值与图表上的数值相差多少?

数 据 表 2

气温(°F)	风速(英里/小时)											
无风	5	10	15	20	25	30	35	40	45	50	55	60
40	36	34	32	30	29	28	28	27	26	26	25	25
35	31	27	25	24	23	22	21	20	19	19	18	17
30	25	21	19	17	16	15	14	13	12	12	11	10

续 表

气温(°F)	风速(英里/小时)									
25	19	15	13	11	9	8	7	6	5	4	4	3
20	13	9	6	4	3	1	0	−1	−2	−3	−3	−4
15	7	3	0	−2	−4	−5	−7	−8	−9	−10	−11	−11
10	1	−4	−7	−9	−11	−12	−14	−15	−16	−17	−18	−19
5	−5	−10	−13	−15	−17	−19	−21	−22	−23	−24	−25	−26
0	−11	−16	−19	−22	−24	−26	−27	−29	−30	−31	−32	−33
−5	−16	−22	−26	−29	−31	−33	−34	−36	−37	−38	−39	−40
−10	−22	−28	−32	−35	−37	−39	−41	−43	−44	−45	−46	−48
−15	−28	−35	−39	−42	−44	−46	−48	−50	−51	−52	−54	−55
−20	−34	−41	−45	−48	−51	−53	−55	−57	−58	−60	−61	−62
−25	−40	−47	−51	−55	−58	−60	−62	−64	−65	−67	−68	−69
−30	−46	−53	−58	−61	−64	−67	−69	−71	−72	−74	−75	−76
−35	−52	−59	−64	−68	−71	−73	−76	−78	−79	−81	−82	−84
−40	−57	−66	−71	−74	−78	−80	−82	−84	−86	−88	−89	−91
−45	−63	−72	−77	−81	−84	−87	−89	−91	−93	−95	−97	−98

实验中将会发生什么？

在这个实验中，你测量了浅口容器中温水的热量流失，并与有风情况下温水的热量流失做了比较。温水代表了生物。你会发现在没有风的情况下，热量流失相对缓慢。但是在有风扇产生的风的情况下，热量便迅速消散。如果实验是在寒冷的户外做的，热流失也会相对较快。

风寒指数是指风把热量带出体内从而降低体温的速度。因此，风让我们感觉到比实际温度更加凉爽的温度。如果气温是1.6℃（35°F），风速为16千米/小时（10英里/小时），但是从人的实际感觉上来说，气温就像是−2.7℃（27°F）。风寒对无生命的物体影响不大。即使风让温度感觉上像是−2.7℃（27°F），事实上实际温度并没有达到零度以下，水是不会结冰的。

与现实生活的联系

　　低风寒指数会增加人变冷的危险程度,导致冻伤或体温过低。"冻伤"一般都发生在手指、脚趾、鼻子和耳朵。在寒冷天气里,人体通过减少四肢的血液循环来保护身体的重要器官。如果没有温暖的血液,暴露在严寒下的组织就会受损,这是由于组织的水分结冰,使细胞受损并死亡。部分组织遭受了损害。其症状包括受损部位有麻木感、颜色苍白。损害情况较为严重时受损的组织不得不被摘除掉。如果你发现某人正在遭受损害的痛苦,应立即寻求医疗帮助。如果无法求助时,应该将其身体冻伤的部分放在舒适的温水中,切记不能用热水。如果没有温水的话,可把冻伤处紧贴在温暖的皮肤上。例如,把手放在腋下温暖。不要摩擦患处,因为摩擦会造成更大的伤害。

　　能够造成损害的情况同样能导致人体的体温过低,而体温过低是更加危险的情况。体温过低是由于热量的丧失速度比身体产生热量的速度快,并且核心体温降到35℃以下。如果有人无法控制地瑟瑟发抖或晕头转向、慌乱或者精疲力尽,你应该考虑他们是体温过低。如果真的遭受损害,一定要寻求医疗帮助。如果此人的衣服是湿的,应立刻换掉湿衣服并用毯子或外套盖住他的全身,而不仅仅是盖住他的胳膊和手臂。让他进到屋子里并让他喝不含酒精的热饮料。

想要了解更多吗?

　　参见附录中"我们的发现"。

实验 13　相对湿度

题 目

相对湿度可用一个简单的空气湿度计测量。

简 介

你在参观当地气象站时想要获得什么信息？你可能会对温度或者降水预报感兴趣。在温暖的月份，你或许也想知道"湿度"，即空气中的含水量。气象学家通常会向我们报道"相对湿度"。相对湿度是指空气中的水汽含量与相同温度下空气中可容纳水汽的最大含量之比。相对湿度是用百分比表示的。当相对湿度是100%时，空气可容纳的水分达到最大值。当天气温暖时，相对湿度就会很大，所以人们会感觉天气闷热发黏。

相对湿度受气温影响。如果空气温暖且干燥，水就容易蒸发，之后变成蒸气进入空气中。相反，当空气凉爽而潮湿时，空气中已经容纳足够多的水汽，就无法承载太多了。在每个温度下都有空气所能容纳水汽的一个最大上限值。当气温是30℃(86°F)时，1立方米空气可容纳30克水汽。当气温下降到20℃(69°F)时，1立方米空气仅可容纳17克水汽，气温为10℃(50°F)时，可容纳9克水汽。空气中相对湿度含量可用以下公式计算：

$$\text{相对湿度百分比} = \frac{\text{空气实际含水量}}{\text{相同温度下空气最大容水量}}$$

相对湿度可用"空气湿度计"测量,它是"湿度计"的一种。在本实验中,你将制作一支简单的空气湿度计,并用它测量教室和户外的相对湿度。

实验时间

55 分钟

实验材料

- 2 支温度计
- 小方纱布(约一张扑克牌大小)
- 3 根橡皮筋
- 用小碗或烧杯盛半碗或半杯水(室温)
- 剪刀
- 1 个空的牛奶盒(干净并且顶部打开)
- 小片硬纸板
- 解剖刀或小刀
- 户外
- 实验记录本

安全提示

请仔细阅读并遵守本书前面的"实验前必读"中的"安全准则"。

实验步骤

1. 把 2 个温度计放在桌子上,大约 2 分钟后,比较它们的温度,确保温度相同。如果温度不同的话,则需换成温度相同的温度计。

2. 把其中一支温度计的球部缠上纱布。如果纱布过大,用剪刀修剪。用橡皮筋把纱布固定在温度计上。

3. 把缠有纱布的温度计球部浸入碗或烧杯的水中,直到纱布饱和为止。

4. 用解剖刀或者小刀,从靠近牛奶盒底部的一侧打一个约 2.5 厘米的孔。

5. 把围着温度计的纱布穿进洞里。用 2 根橡皮筋把温度计固定在牛奶盒上(参见图 1)。这就是湿球温度计。

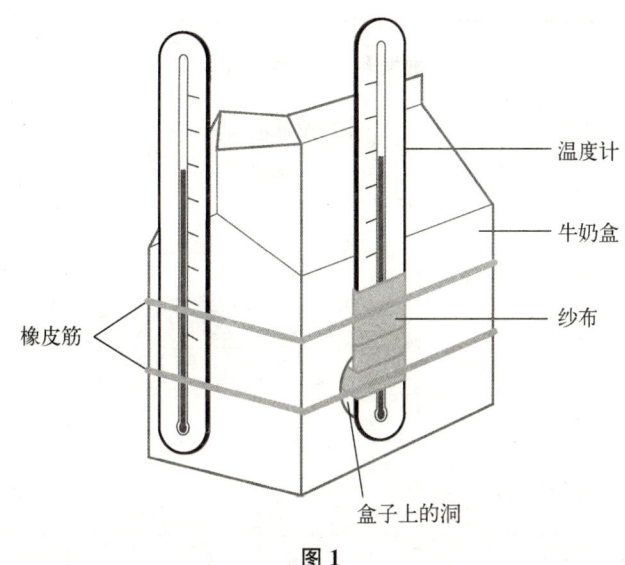

图 1

6. 把另一支干球温度计用这两根橡皮筋固定在牛奶盒另一侧。

7. 把水倒入纸盒中,使其刚没过纱布。纸盒中的水可保持纱布湿润。

8. 把牛奶盒和温度计放在你的桌子上,用一片硬纸片对着温度计扇风,直到湿球温度计的温度停止下降。阅读这两支温度计的温度。把温度记录在数据表 1 的"位置 1"处。

9. 用干球温度计的温度减去湿球温度计的温度,把温差记录在数据表 1 上。

10. 阅读数据表 2 的相对湿度。从左边一栏找出干球温度的度数。在整张表的最上面一行,找到湿球和干球的温差。找到干球温度与它们温差的交叉点。这就是位置 1 用百分比表示的相对湿度。

11. 跟随教师到户外。把你的空气湿度计放在地上,用一片硬纸板对着温度计扇风直到湿球温度计的温度停止下降。然后重复步骤 8—10,把信息记录在数据表 1 上。

实验 13 相对湿度

数 据 表 1

	位置 1	位置 2
干球温度		
湿球温度		
干球与湿球的温差		
相对湿度		

数据表 2　相对湿度

干球(℃)	干球与湿球温差读数(℃)									
	1	2	3	4	5	6	7	8	8	10
10	88	77	66	56	45	35	26	16	7	—
11	89	78	67	57	47	38	28	19	11	2
12	89	79	68	59	49	40	31	22	14	5
13	89	79	69	60	51	42	33	25	16	9
14	90	80	70	61	52	43	35	27	19	11
15	90	80	71	62	54	45	37	29	22	14
16	90	81	72	63	55	47	39	31	24	17
17	91	82	73	64	56	48	41	33	26	19
18	91	82	73	65	57	50	42	35	28	21
19	91	82	74	66	58	51	44	37	30	24
20	91	83	75	67	59	52	45	38	32	26
21	91	83	75	68	60	53	47	40	34	27
22	91	84	76	69	61	54	48	41	35	29
23	92	84	77	69	62	56	49	43	37	31
24	92	84	77	70	63	57	50	44	38	32
25	92	85	77	71	64	57	51	45	40	34
26	92	85	78	71	65	58	52	46	41	35
27	93	85	78	72	65	59	53	47	42	37
28	93	86	79	72	66	60	54	49	43	38
29	93	86	79	73	67	61	55	50	44	39

续　表

干球(℃)	干球与湿球温差读数(℃)								
30	93	86	80	73	67	61	56	50	45	40
31	93	86	80	74	68	62	57	51	46	41
32	93	87	80	74	68	63	57	52	47	42
33	93	87	81	75	69	63	58	53	48	43
34	93	87	81	75	69	64	59	54	49	44

分　析

1. 当你对着两支温度计扇风时，哪一支温度计显示的温度变化大？给出解释。

2. 哪个位置的相对湿度最大，室内还是户外？

3. 如果你测量户外从早到晚每小时的相对湿度，会有什么发现？

4. 汗液是一个冷却机制，因为汗液蒸发会带走身体的热量。汗水在什么情况下很少蒸发，相对湿度很高还是很低时，为什么？

5. 如果湿球和干球温度计的温差很大，你认为相对湿度是高还是低？给出你的理由。

实验中将会发生什么？

在这个实验中，你制作了一个湿球和干球空气湿度计，并用它测量了两个地点的相对湿度。空气湿度计的原理其实很简单。当空气中的相对湿度较低，水汽很容易从湿球温度计中蒸发，导致温度急剧下降。计算这两个温度计的温差并知道空气温度后，就可以从表中查到相对湿度。在这张表上，你能看到温度越高，相对湿度越大。表格同时显示出，两支温度计所测的温差越大，相对湿度越大。

有句老话帮助我们解释了闷热天气为何让人感到不适："这不是热，这是潮湿。"一个32℃的下午，在亚利桑那州与在密西西比州感觉大相径庭，因为前者相对湿度较低，后者则较高。图2是一张7月某一天的相对湿度图。请注意东

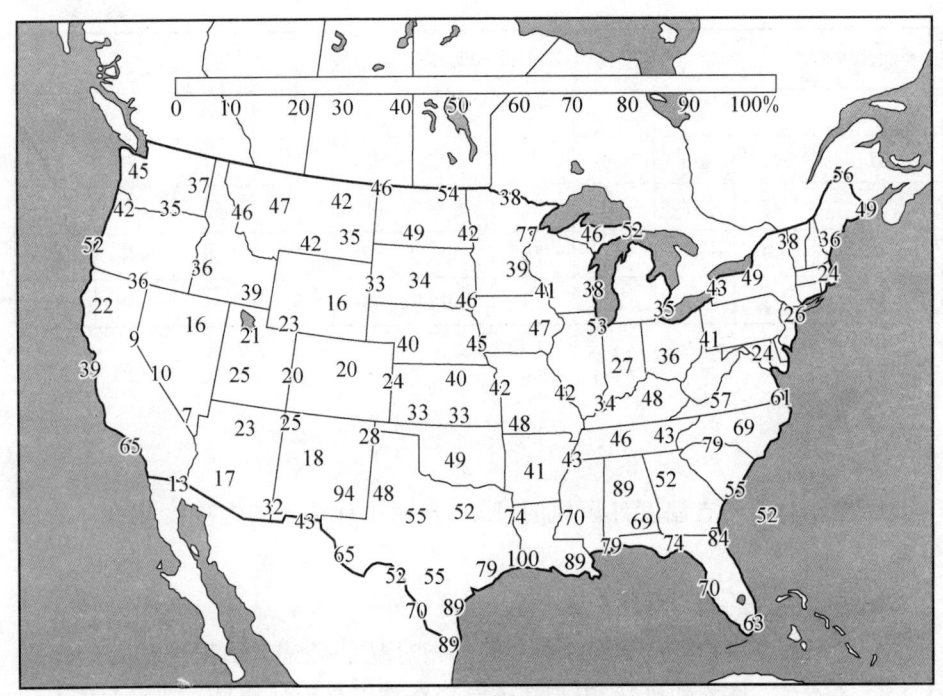

图 2 美国大陆 7 月典型的相对湿度图

南和西南的湿度差异。

与现实生活的联系

露点和相对湿度经常在一起报道,因为这两种测量是相关联的。在这二者之间,露点对于空气中水汽的多少给出了指示。相对湿度告诉你空气中的水汽含量与相同温度下空气可容纳水汽的最大含量之比。随着温度升高,即使空气中的水汽含量不变,相对湿度也会降低,露点是在气压或水分不变的情况下,空气冷却达到饱和时的温度。饱和空气水汽达到最大含量;一旦气温下降,就会导致水汽凝结或者形成露水。当相对湿度很高时,露点接近当前气温。如果相对湿度为 100%,空气中充满了水分,露点就等于现在气温。当露点介于 15.5℃和 21℃之间,人们会感到空气潮湿。露点在 21℃时空气极其潮湿发黏。在美国,露点很少超过 26.6℃。露点打破 35℃的记录是在 2003 年 7 月 8 日,沙特阿拉伯的达兰。温度在 42.2℃时,会产生 77.7℃的"热指数"。热指数,也叫做体感温度,是通过实际温度和露点计算出来的。体感温度可以告诉你实际感受到的热度。

想要了解更多吗?

参见附录中"我们的发现"。

实验14　追踪飓风

题 目

气象学家通过追踪飓风来了解风暴的特点和状态。

简 介

飓风是范围可达几百千米的巨大风暴,其风速可达到322千米/每小时。大西洋的飓风季节主要集中在6月1日—11月30日,最大的风暴多在秋季发生。在东太平洋,飓风季节较长,主要集中在5月15日—11月30日。飓风是在海洋和大气在特定条件下共同作用形成的。

飓风最开始是聚集在高湿度的温海地带的风暴。当空气非常潮湿时,云层的蒸发量相对较低,这种情况下会产生较多"降水"。

风暴的形成充分利用了现有的"潜热"。潜热是当水这样的物质改变状态时,释放出的能量。潜热帮助大气层变暖,导致空气膨胀并从风暴中心向外推动。当气流向外膨胀时,海水之上的大气压力(用毫巴测量)便降低了,之后附近的气流移动至风暴中心的低气压区域,从而形成了导致更暖的潮湿空气上升的气流。上升气流冷却并凝结成空气柱,形成云状物,并释放出更多的潜热(见图1)。如此一来,一个循环就形成了,周而复始就形成了风暴。

飓风形成的另一个重要因素是没有强烈的"风切变"。风切变是指随着海拔高度的增加风速或风向产生的变化。风切变较弱时,风暴就会在垂

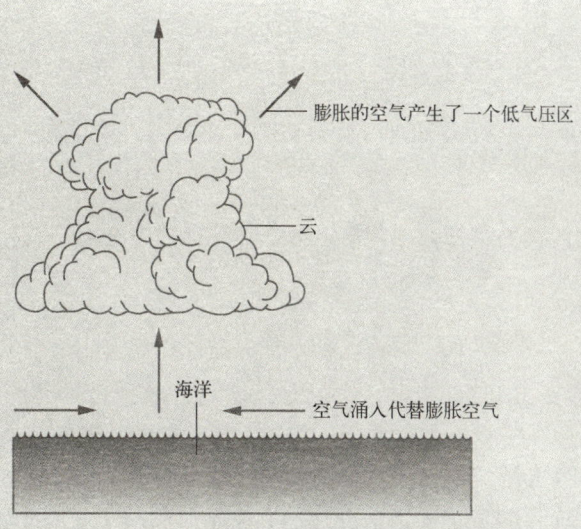

图1 空气移动到正在形成的飓风中心低气压区，形成一股导致暖湿空气上升的气流

直方向逐渐加强,将潜热集结在中央区域。当风切变较强时,能量在较大范围内扩散,风暴强度被减弱。

气象学家追踪飓风并收集信息,以便能够预测即将到来的飓风的路径。并非所有飓风都遵循同一路径,但有些模式较为相似。根据对以往发生的飓风的分析,人们设计了救生电脑模式进行飓风追踪和预测。在本实验中,你需要跟踪从巴哈马到美国的卡特里娜飓风的路径。卡特里娜飓风是造成巨大损失的飓风,它于2005年袭击了墨西哥湾沿海地区。

实验时间

45分钟

实验材料

- 图2的影印版
- 标尺

- 网络
- 实验记录本

> **安全提示**
>
> 请仔细阅读并遵守本书"实验前必读"中的"安全准则"。

实验步骤

1. 检查图2,这是一幅大西洋和墨西哥湾的地图。地图显示出了经线和纬线。纬线从东至西,测量了赤道以北(°N)或赤道以南(°S)的度数。经线纵贯南北,测量了"本初子午线"以东(°E)或以西(°W)的度数。

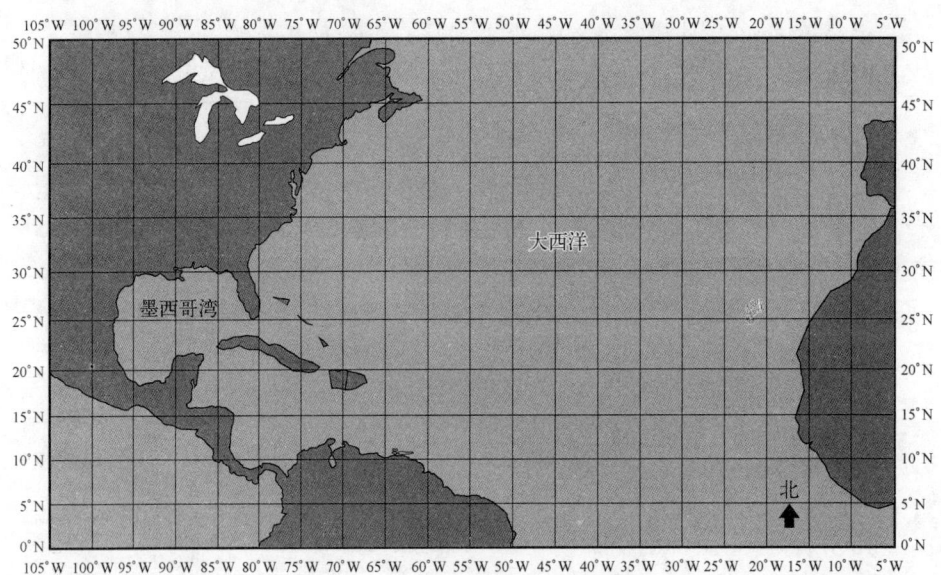

图2 大西洋盆地的飓风追踪图

2. 数据表1列出了2005年8月23日至8月31日6天内飓风卡特里娜的一些位置。每个位置都贴上一个登陆标记。在图2上标出登陆位置1。如以下操作:

① 注意登陆位置1的纬度是23.2°。找到20°的纬线。从这条线以上估算

3.2°。用标尺标出 23.2°的位置。

② 登陆位置1的经度是 75.5°。找到 75°的经度线,取 75°和 76°的中间点。用手指标出 75.5°。

③ 找到北纬 23.2°、西经 75.5°的交接点。用铅笔在这一点处画一个圆点。把这点标为"1"。

3. 重复步骤2,找出数据表1上的其他登陆位置。

数 据 表 1

登陆位置	日期（2005年8月）	时间	纬度（°N）	经度（°W）	风速千米	气压（毫巴）	强度
1	23	5 p.m.	23.2	75.5	30	1 007	热带气旋
2	24	12 a.m.	23.4	75.7	30	1 007	热带气旋
3	24	12 p.m.	25.5	76.5	30	1 006	热带风暴
4	24	5 p.m.	25.6	77.2	45	1 002	热带风暴
5	25	2 a.m.	26.1	78.4	50	1 000	热带风暴
6	25	7 p.m.	25.9	80.1	70	985	飓风1
7	26	1 a.m.	25.9	80.3	70	983	飓风1
8	26	12 p.m.	25.1	82.0	75	979	飓风1
9	27	2 a.m.	24.2	84.0	96	963	飓风2
10	27	12 p.m.	24.4	84.7	100	942	飓风3
11	28	2 a.m.	25.1	86.8	126	939	飓风4
12	28	12 p.m.	25.7	87.7	145	909	飓风5
13	28	6 p.m.	26.3	88.6	150	902	飓风5
14	29	1 a.m.	28.2	89.6	125	913	飓风4
15	29	12 p.m.	29.5	89.6	110	923	飓风3
16	30	5 a.m.	34.7	88.4	43	961	热带风暴
17	31	12 p.m.	35.6	88	30	985	热带气旋
18	31	1 a.m.	38.6	85.3	30	994	风暴

4. 把这些点用线连接起来。

5. 回答分析问题1—9。

6. 上网访问飓风卡特里娜资料库：http：//www.nhc.noaa.gov/archive/2005/KATRINA_graphics.shtml。在本页的左侧，在"循环"下，选择"停止"。使用向前箭头一次向前推进一幅图。观察卡特里娜路径坐标图 2 到 3 次，然后回答分析问题 10—12。

分 析

1. 飓风卡特里娜袭击的第一个地方是哪里？
2. 在登陆位置 6，飓风卡特里娜的确切位置是哪里？
3. 飓风分别在：① 当它进入巴哈马时；② 当它离开巴哈马时；③ 离开佛罗里达时；④ 刚离开路易斯安那州海岸时；⑤ 登陆路易斯安那州时的强度怎样？
4. 当飓风从路易斯安那州移动到田纳西州时，飓风的强度怎样？
5. 这场飓风最高的气压是多少毫巴？当气压最高时飓风在哪里？
6. 这场飓风最低的气压是多少？当气压最低时飓风在哪里？
7. 大致说来，在 2005 年 8 月 23 日—8 月 28 日期间，① 飓风的风速是如何变化的？② 气压又是如何变化的？
8. 分析从 2005 年 8 月 23 日—28 日飓风的风速和气压的关系并写一份报告。
9. 当飓风能量减退时，它的确切位置是哪里？
10. 你在网上查到的卡特里娜路径的动画，所涵盖的时间（天数）有多少天？与数据表中的时间对比后有何差异？
11. 飓风卡特里娜的动画路径与你在图 2 的影印版画的路径对比后有何差异？
12. 气象学家为什么要研究飓风路径呢？

实验中将会发生什么？

飓风要经历几个发展阶段。开始是一组风暴在合适的时间和地点形成"热带气旋"，表现为风速每小时 37—63 千米的旋转风暴。在风暴气压中，气压相对较低并围绕一个中心旋转，没有较强的结构性，因此风暴的方向性不强。

如果风速增加到 63—117 千米,循环将更具组织性,该风暴就属于"热带风暴"级别。强风和暴雨使热带风暴更加危险。

如果气压继续下降,并且风速达到每小时 119 千米,这种风暴称为"飓风"。在这个阶段,风暴会围绕着中心的飓风眼旋转。紧贴着飓风眼的是眼壁,眼壁是激烈的雨区。飓风的强度根据萨非尔—辛普森飓风量级表可分为 1—5 级,如数据表 2 所示,1 为最弱的级别,5 为最强的级别。飓风移动迟缓,约每小时 16—32 千米/小时。一旦飓风到达陆地或冷水区域,力量就会减弱。

数据表 2:萨非尔—辛普森飓风量级表

级　　别	风速 千米/时
5	>250
4	210—249
3	178—209
2	154—177
1	119—153
其 他 分 类	
热带风暴	63—117
热带气旋	0—62

与现实生活的联系

大多数飓风在赤道以北或以南 5°—15°的地区形成。这些类型的风暴从未在赤道处形成,这是因为赤道处的"科里奥利效应"很弱,无法形成风暴旋。科里奥利效应(见图 3)是由于地球的自转偏向力使得大气中的移动物体明显偏斜到一边的现象。事实上,物体是沿直线运动的;但是由于地球自转

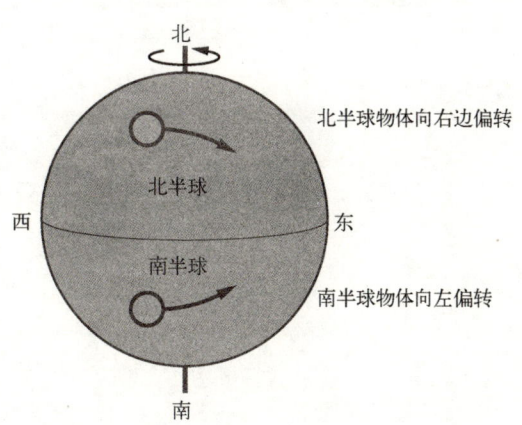

图 3　飓风的自旋是由于科里奥利效应引起的,而科里奥利效应是由地球的自转引起的

偏向,物体运动路径似乎不是直的。在北半球,科里奥利力使物体偏向左侧;南半球则偏向左侧。

想要了解更多吗?

参见附录中"我们的发现"。

实验 15　冰雹的形成

题　目

冰雹是在特定的大气条件下围绕核粒子形成的。

简　介

在夏天经历雷雨天气时,你可能会想到雨、风以及频繁的闪电。强雷暴是"积雨云"的产物,积雨云是足以延伸至几个大气层高度的浓密云层。大型的积雨云高度可达海拔 16 千米或者更高。当大气条件适合时,温暖的暴风雨天气也会产生"冰雹"式的冷降水。这些大气条件是:强烈的上升气流和极低温的大气层。冰雹是单个的块状冰或冰球,当上升气流把水滴带到零度以下区域时,下降气流便会把这些冰冻的水滴带回到地面上形成冰雹。这些冰雹很容易卷入上升气流和下降气流中,不断地在冷空气和温暖区域中循环往复(参见图 1)。

冰雹经历了 3 个发展阶段。最初,冰雹是像雪一样的白色小颗粒。在这个阶段,它们被称为"霰"或"软雹"。它们在大气中上下运动,可以增大的小颗粒被称为"小冰雹"。这些冰块密度大,圆锥形,并且呈半透明状。它们不断在大气中循环形成真正的冰雹,体积可以小如豌豆或大如垒球。这些冰雹是由几层透明的和不透明的冰层交替形成的(见图 2)。大型冰雹速度快,数量多,所以它们可能很危险,并会造成严重的财产损失。在本实验中,你将找出冰雹形成所具备的条件。

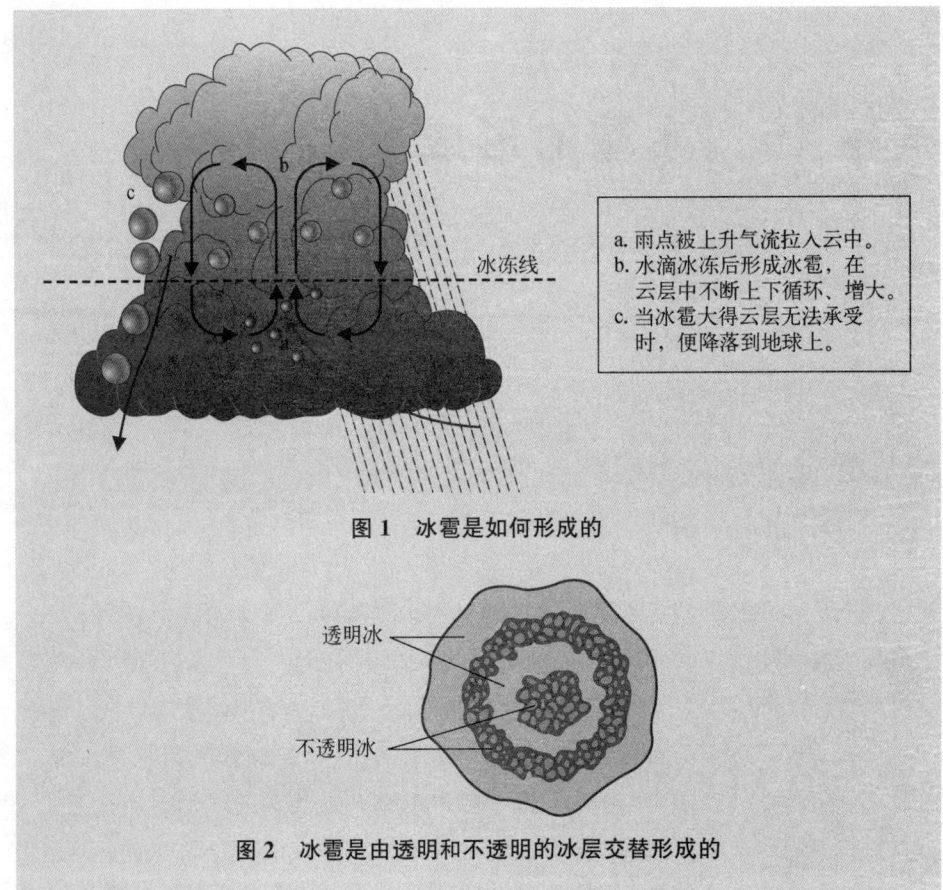

图1 冰雹是如何形成的

a. 雨点被上升气流拉入云中。
b. 水滴冰冻后形成冰雹,在云层中不断上下循环、增大。
c. 当冰雹大得云层无法承受时,便降落到地球上。

图2 冰雹是由透明和不透明的冰层交替形成的

实验时间

45分钟

实验材料

- 0.4—0.6升的烧杯
- 试管
- 温度计
- 碎冰块(大约1杯)

- 冰淇淋盐(约1/4杯)
- 搅拌棒
- 水源
- 纸巾
- 试管刷
- 液体餐具洗涤剂
- 几个像沙粒一样的粒子(数粒);盐(数粒);糖(数粒);一粒半干豌豆,或一小片树皮
- 实验记录本

安全提示

请仔细阅读并遵守本书"实验前必读"中的"安全准则"。

实验步骤

1. 用试管刷和一滴洗涤剂清洗试管。把试管洗净,然后用纸巾擦干。确保试管内壁干净,没有任何颗粒。

2. 向烧杯中注入1/3的水。往水中加盐,搅拌均匀,直到完全溶解(烧杯底部可以残留些未溶解的盐)。

3. 把碎冰块加入到水中,直到烧杯的2/3。

4. 把试管放入烧杯中。把冷水注入试管直到水位与烧杯里的水位相同。

5. 把温度计放入烧杯的冰水中。

6. 用搅拌棒轻轻搅拌冰水约10分钟。

7. 读出冰水的温度。把温度记录在实验记录本上。

8. 观察试管内部,它是冷冻的,还是部分冷冻,或者是没有冷冻,将观察结果详细记录在你的实验记录本上。

9. 轻轻从烧杯中取出试管,不要碰到试管内部。放一片冰到试管中,观察试管,把观察到的情况记录在实验记录本上。

10. 向试管中分别加入不同的粒子,并重复步骤1—9。比较冰在不同粒子

上的效果。

分 析

1. 烧杯中水的温度是多少?
2. 水的冰点是多少?
3. 你认为烧杯和试管中水的温度是否相同?说明你的理由。
4. 在步骤8中,你是怎样描述试管内部情况的?
5. 当你在试管里放入一片冰时,发生了什么情况?解释为何会发生这种情况。
6. 你又向试管中放入了什么粒子?这些粒子产生了什么变化?
7. 基于对实验结果的考虑,试管必须要保持清洁,你认为其中的原因是什么?
8. 根据实验的结果,影响冰雹形成的必要因素是什么?

实验中将会发生什么?

在这个实验中,你会发现冷水不会产生冰晶。无论是在试管中还是大气中,冰的形成需要"凝结核"或颗粒。任何一个小颗粒,即便是几片雪或是冰冻水滴,都可以帮助冰水形成冰晶。有时候,污垢、折枝或者小虫子都可能被风卷进空气中成为冰雹的核。

一旦冰雹形成,它的体积是可以增加的。体积增大主要有两种形式:潮湿增长或干燥增长。在潮湿增长中,一小片冰悬浮在寒冷的、但不是极寒冷的大气中。冰与过度冷却的水滴相撞,水即便是零度以下,也处于液体状态。水不会马上在冰上凝结,而是包裹住冰然后逐渐冷冻。由于水的冰冻过程相对缓慢,溶解在水中的气泡有可能消失,所以冰层是清澈透明的。在干燥增长中,冰粒子处于一个超级寒冷的区域,当它与水滴相撞时,便立即冰冻了。由于气泡被困在冰中,所以冰层是不透明的。

有些冰雹的体积很大。这是由于它们在大气层中反复地获得新的冰层。每次冰雹上升到冷空气中,便会增加一层冰层。把冰雹切开数它有多少冰层就可以知道这块冰雹有多少次上升到风暴高峰的冷空气中。最终冰雹变得又大又重,当重力超过雷雨中气流的上升力时,冰雹就会降落。

与现实生活的联系

冰雹的天气可能预示着危险,所以气象学家密切关注强雷暴天气。观察会产生暴风的云将知道它是否孕育着冰雹。气象雷达也可以检测到风暴中冰雹的存在。冰雹比雨更具能量,所以它能在雷达上产生红色反射,这可以帮助气象学家作出预测(参见图 3)。雷达甚至可以预测积雨云中冰雹的大小。

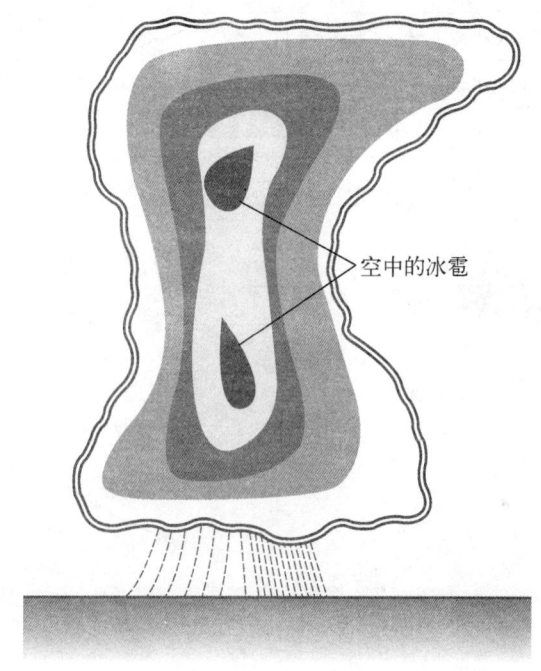

图 3　冰雹在气象雷达上呈现红色

你可能听气象学家称冰雹为"豌豆大小"或"垒球大小"。这些描述性术语使得冰雹更加形象化。你能通过数据表上的信息,把这些描述性术语转化成实际大小。

2003 年 6 月 23 日,人们在美国内布拉斯加州的奥罗拉发现了最大的冰雹。这个破纪录的冰雹宽 17.8 厘米,约 2.2 千克。这场孕育巨大冰雹的风暴造成了超过 50 万美元的财产损失,破坏了全县 100 万美元的农作物。这颗冰雹在地面留下了 35.6 厘米宽、7.6 厘米深的坑。冰雹是雷雨的一部分,这场雷雨同时也导致了龙卷风和水灾。

实验 15　冰雹的形成

数 据 表

对冰雹的描述	尺　寸
豌豆大小	0.6 厘米
弹珠大小	1.3 厘米
硬币大小	2.5 厘米
乒乓球大小	3.8 厘米
高尔夫球大小	4.4 厘米
网球大小	6.4 厘米
棒球大小	7 厘米
西柚大小	10.2 厘米
垒球大小	11.4 厘米

想要了解更多吗?

参见附录中"我们的发现"。

实验 16　蒸发的速度

题　目

热度、光和风都是影响蒸发速率的因素。

简　介

水是一种独特的化合物，它的物理和化学特质塑造了地球和生命的演化。在自然环境中，水不断地通过一个称为"水文循环"的路径循环，如图1所示。水不断循环着，并在每个循环阶段都改变着自己的形态。太阳的辐射能量使水蒸发，直接形成地球表层的水蒸气。炎热、潮湿的地表空气上升到更高的海拔高度后，在气温较低的高层，大气、水蒸气凝结形成云。最终云层以降水的形式将水释放。降水聚集在地面形成地下水库或者汇入小溪、河流，并最终流入大海。大气中的水蒸气是由地表水蒸发和植物的"蒸发蒸腾作用"补给的。

蒸发是一种周期变化，这种周期变化需要能源的输入。"蒸发潜热"这种能量可以帮助单个水分子摆脱"氢键"——制约水分子成为液态的一种力量。水分子能形成氢键，因为它们是有极性的。一个水分子结构中氧原子的原子核远远大于两个氢原子的原子核。结果，共用这些原子的电子大多数时间作用在水分子的氧原子上。因此，氧原子两端有轻微的负电荷，氢两端则有轻微正电荷。相邻的水分子相互吸引，形状像小条形磁铁（参见图2）。氢键并不是很牢固，却有足够的能量减缓水分的蒸发。

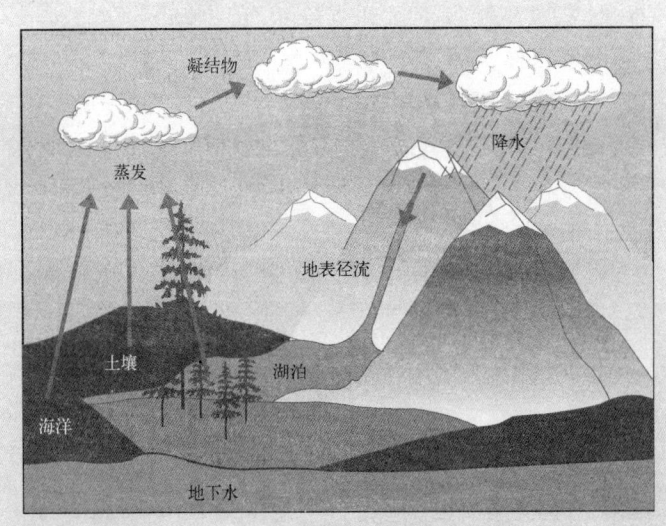

图1 水文循环

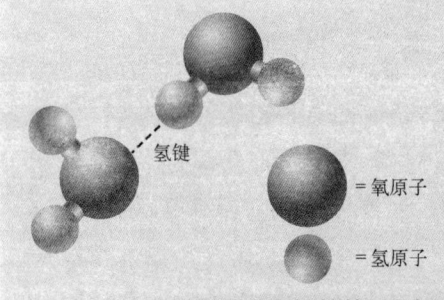

图2 水分子被描述为有极性的,因为它们的两端有轻微的正负两种电荷。带有相反电荷的水分子两端相互吸引,形成氢键

我们无法确切知道每年蒸发的地表水有多少。大气中水的主要来源是海洋表面。通过研究表明,海洋表面蒸发的速度大约是每年100厘米。土地、森林以及沙漠地区的蒸发率相对较少。几个因素影响了蒸发率的差异。在本实验中,你将设计一个程序来比较热度、光和风这3个影响蒸发率的因素。

实验时间

65分钟

实验材料

- 2个培养皿

- 4 个小海绵
- 刻度量筒
- 带秒针的时钟或秒表
- 有连接环的铁环架
- 电子秤
- 标尺
- 电扇
- 有灯泡的灯
- 电气空间加热器
- 冷热水获取通道
- 室温水获取通道
- 塑料袋(三明治大小)
- 曲别针
- 细绳
- 胶带
- 剪刀
- 实验记录本

安全提示

小心使用电气空间加热器和风扇。请注意不要在靠近水的地方使用电子设备。请仔细阅读并遵守本书前面的"实验前必读"中的"安全准则"。

实验步骤

1. 你的任务是与 2—3 位同学合作并进行一个实验,比较热度、光和风这 3 个影响蒸发的因素。

2. 你可以使用教师提供的任何物品,但不一定全都用上。如果你的小组还需要其他物品,向教师咨询索要所需物品。

3. 在进行试验之前,落实你需要做的。请记住以下几点:

① 建立一个在测试中不受任何因素影响的控制机制。水没有接触热度、光或风,利用这个控制机制找出水(从盘子、海绵或其他容器)蒸发的速率。

② 一次只检测一个因素。例如,你想知道光是如何影响水蒸发速率的,要确保你的实验设置不能接触到热度和风。同样,当你检测热度对水蒸发速率的影响时,关掉灯,并确保实验不受风的干扰。

4. 在数据表上记下你计划的步骤(你的实验步骤)和计划用的材料(材料清单)。把你的实验步骤和实验材料交给教师审查。如果得到教师的批准,便可进行试验。如果没有得到批准,修改好后再次交给教师审查。

5. 一旦得到教师批准,收集你需要的实验材料,然后开始你的实验。

6. 当你完成实验时,在你自己设计的数据表上整理结果。

分 析

1. 基于你的实验结果,分析① 热度;② 光;③ 风是如何影响蒸发速率的。
2. 实验中你所控制的是哪些因素?
3. 基于对水和蒸发的了解和学习,对以下影响蒸发的因素你是怎样认识的:
① 空气中的湿度高于水表面
② 水的表面积
4. 如果你想要节约用水,一天中浇草坪的最佳时间是什么时候?请给出理由。
5. 你选择在刮风天还是在无风天浇园子?为什么?

数 据 表

实验步骤	
材料清单	
教师批准	

实验中将会发生什么?

在现实世界中,3个因素同时影响了蒸发速度。因此,你的任务是找到一种方法分隔这3种因素,并检测每一种因素是如何影响蒸发速率的。有很多方法可以帮助完成这项实验。一种方法是将一块海绵浸入水中使其达到饱和,然后称重。将饱和的海绵挂在铁环架上,置于一个受保护的环境中,不让它接触到风、热度或光。每隔15分钟给海绵称重,找出有多少水分蒸发。采用相同的实验设置,分别把充满水的海绵置于灯光、电气空间加热器的热度中以及风扇的风速下。

在你的实验步骤中,你很可能发现热度、光以及流动的空气加快了蒸发的速率。单个水分子之间有相互的吸引力,水分子只有拥有足够的"动能"才能克服分子间的吸引力蒸发。相邻的水分子像小磁铁一样彼此互相吸引(参见图2),但氢键并不是很牢固,可它却有足够的能量减缓蒸发。在一般情况下,因为在液体表面只有少数的粒子拥有所需的能量,所以蒸发速度很慢。然而,随着能量(热度和光)的增加,分子的运动增强了。水分子的快速运动打破了水分子之间的束缚力量,于是蒸发就发生了。

流动的空气能加速蒸发,这是因为该因素与水和空间有关。只要水分子被氢键束缚,蒸发便不会发生。第一个因素是风分裂了一些氢键,帮助水分子摆脱了束缚。第二个因素与水面上新蒸发的水分子有关。当蒸发发生时,气态水分子悬浮在水面上。几乎没有多余的空间容纳更多的水分子,所以蒸发速度变得缓慢了。风带走了此处的水蒸气分子,为其他水蒸气分子创造了更多的空间。因此,风也加速了蒸发。

与现实生活的联系

空气中大量的水蒸气影响着天气,影响着人们每天的日常生活体验以及气候,即较长一段时间的平均天气。水蒸气与雾和云的形成、湿度、降水以及灾害性天气有关。近期对天气和气候的研究主要集中关注的是"全球变暖"——地球地表平均温度的上升。全球变暖是由温室气体浓度的增加造成的,许多化合物围绕在地球表面使得地球表层附近的热量无法散开,这些化合物包括二氧化碳、甲烷和水蒸气(参见图3)。汽车、发电厂和工业化石燃料的燃烧使空气中的二氧化碳得以增加。直到近期,二氧化碳已被确定为全球变暖问题的罪魁祸首。然而,在美国国家海洋和大气管理局(NOAA)工作的苏珊·所罗门(Susan Solomon)的近期研究表明,20世纪90年代的全球变暖几乎三分之一的原因是由于高层大气的水蒸气的增加。2000年以后,空气中水蒸气的含量下降,全球变暖的速度也略有下降,但却加剧了人们对全球变暖这一现象的争论。所罗门的研究结果清楚表明,全球变暖是一个复杂的问题,是生态环境中的多种因素造成的。

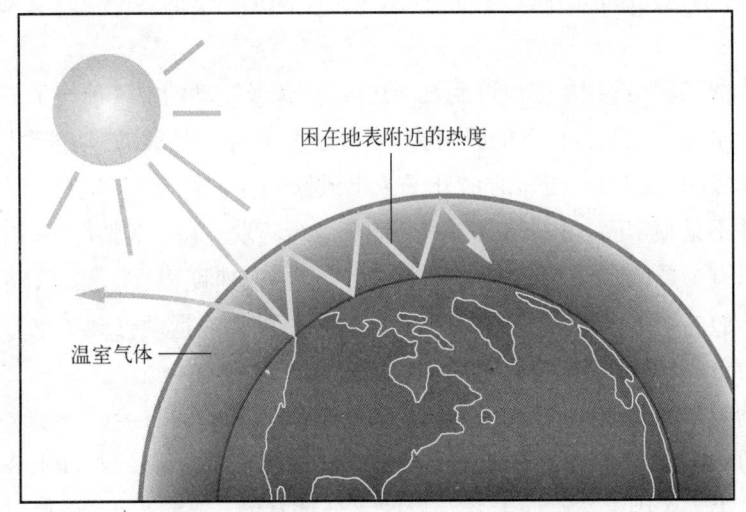

图3 温室效应使地球变暖,一部分阳光到达地球后被地表反射并被一层温室气体包围,这些温室气体包括二氧化碳和水蒸气

想要了解更多吗?

参见附录中"我们的发现"。

实验 17　天文望远镜的彩色滤光片

题　目

天文望远镜的彩色滤光片可以提高对月球、行星和其他天体图像的观察质量。

简　介

天文学家使用天文望远镜来观测太空的物体。透过望远镜看到的物体反射太阳或其他恒星发出的光。天文望远镜收集和聚焦光线从而形成天文学家可见的图像。通常情况下，天文学家在天文望远镜上添加了彩色滤光片，这些彩色滤光片在观测行星时尤为有用。彩色滤光片可单独使用或分组使用，天文学家使用彩色滤光片比仅用望远镜观测能够获得更多的信息。彩色滤光片可以帮助减少像木星这样发亮星体的"眩光"。星体反射太阳光可以产生很强的眩光，这样天文学家便无法观察行星的表面细节，所以减少眩光对观测有很大的帮助。此外，彩色滤光片可增强对比度，使被观测星体的颜色与正常颜色有着明显的差异，使视野中的画面更具特性。由于提高了对比度，天文学家便能看到更多的小细节。

彩色滤光片有几十种色彩，可以组合使用。图1显示的是天文学家经常使用的多种基本颜色。当使用彩色滤光片时，我们必须记住它显示的并不是物体的真实颜色。单独一个滤光片无法让人观测到完整精确的图像，但是每一个滤光片都呈现出一些有用的信息，便于人们收集数据。我们的目标是找到一个滤光片或者一组滤光片,使其具有能够突显观测物体并减小眩光的特性。例如,如果一个天文学家正在观测太空中的巨蟹座——由热气和灰尘组合在一起的巨型云状物。他可以使用蓝色的滤光片来观测星云核心非常热的部分。而星云外部的红色区域,是由氢气产生的气态区域,红色滤光片可以清晰地显示这一区域。氧气产生绿光,绿色滤光片可以帮助确定氧气在星云中的位置。黄色滤光片可以提高星云中心丝状结构的观测效果。在本实验中,你将制作一个彩色滤光轮,并用它来观测物体,看看它是如何帮助你观测物体的。

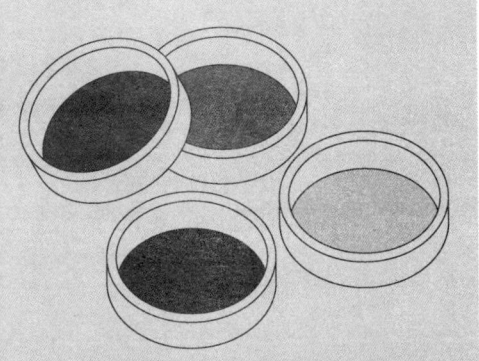

图1 天文望远镜通常使用红、绿、蓝、黄四种颜色的彩色滤光片

实验时间

45分钟

实验材料

- 2张卡片(30厘米×30厘米)
- 红色玻璃纸(小索引卡大小)
- 蓝色玻璃纸(小索引卡大小)
- 黄色玻璃纸(小索引卡大小)
- 绿色玻璃纸(小索引卡大小)
- 尖头档案文件纽扣
- X-Acto™刀
- 胶带
- 剪刀

> **安全提示**
>
> 请小心使用 X-Acto™ 刀,请仔细阅读并遵守本书"实验前必读"中的"安全准则"。

实验步骤

1. 把 2 张卡片分别剪成餐盘大小的圆形。
2. 在其中一张圆形卡片背面标上"A",另一张标上"B"。
3. 用 X-Acto™ 刀裁下卡片"A"的一部分,参照图 2a 所示。这个裁剪后的区域将作为彩色滤光轮的窗口。
4. 把剪下的部分作为模板,按照这个模板把卡片"B"裁成如图 2b 所示。

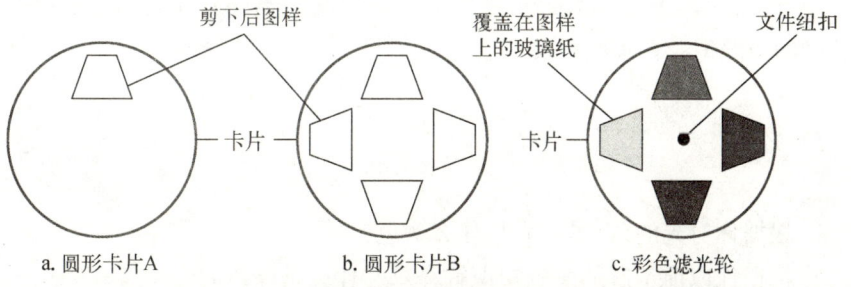

a. 圆形卡片A　　b. 圆形卡片B　　c. 彩色滤光轮

图 2　用 2 张圆形卡片和 4 种颜色的玻璃纸制作彩色滤光轮

5. 把一小片蓝色玻璃纸用胶带粘在圆形卡片"B"后面,覆盖其中一个裁剪后的图样。
6. 把一小片红色玻璃纸粘在圆形卡片"B"后面,并覆盖另一个图样。
7. 把一小片绿色玻璃纸粘在圆形卡片"B"后面,并覆盖接下来一个图样。
8. 把一小片黄色玻璃纸粘在圆形卡片"B"后面,覆盖住最后一个图样,当所有玻璃纸都粘到合适位置后,卡片"B"变成就如图 2c 所示。
9. 用 X-Acto™ 刀分别在两个圆形卡片中心裁出一个洞。
10. 把圆形卡片"A"放在圆形卡片"B"上面,把文件纽扣通过中间的洞把两个圆形卡片按在一起。彩色滤光轮便做成了。
11. 如果使用黄色滤光片检测图 3,预测它是怎样成像的。把你所预测的记

图3 使用彩色滤光片看这幅图会减弱图上其他特性,从而使某些特性凸显出来

录在实验记录本上。

12. 转动彩色滤光轮,使窗口上显示黄色玻璃纸,然后观察图3。描述你说看到的画面,并记录到实验记录本上。

13. 把窗口分别换成其他颜色的玻璃纸,重复第12步。

14. 用各种颜色的彩色滤光片观察教室周围的不同对象,把你通过滤光片所看到的情况记录在实验记录本上。

分 析

1. 根据你对光的认识,白光是什么颜色?
2. 根据你以前了解的颜色知识解释草为什么是绿色的?
3. 为什么天文学家在天文望远镜上使用彩色滤光片?
4. 你在实验步骤第11步预测得是否准确?
5. 当使用黄色滤光片时,你所观察的对象和图像呈现的是什么颜色?为什么?

实验中将会发生什么?

我们所说的白光是"电磁光谱"的一部分,可以通过人眼感知。白光通过棱镜会分解成组成白光的各种颜色。每个光谱颜色的特点是"波长"。在光谱的红色一端,波长较长,越靠近紫色一端,波长越短(参见图4)。

你制作的彩色滤光片使你所看到的图像发生了改变,因为滤光片阻止了某些波长,却传送了其他波长。当你通过彩色滤光片看图3时,除了看到这个滤光

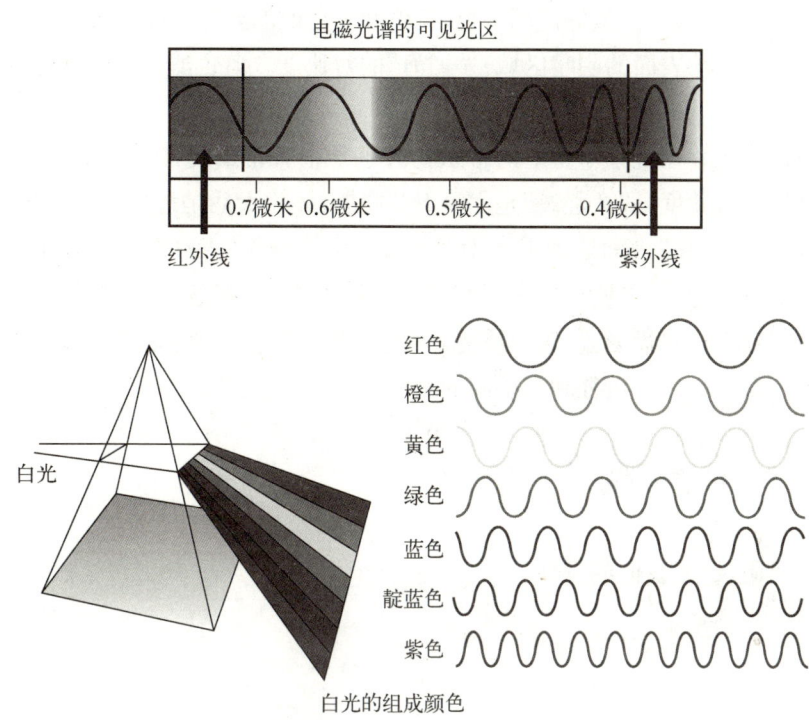

图 4　白光是由不同颜色的光组成的,每个颜色都有各自的波长

片独有颜色之外其他颜色都被阻隔了。例如,黄色滤光片就会显示出图片中黄色的部分,所有其他有颜色的物体都呈现出灰色或无色。同样道理,绿色滤光片只能将绿色波长呈现在你眼前。

天文学家赞成广泛使用滤光片,因为它提高了天文望远镜所呈现图像的对比度。对比度是图像中不同区域亮度的差异。当观测月球和一些行星时,太阳光所反射的眩光是一个问题。滤光片帮助减弱了眩光的强度,并增强了图像中不同特性间的对比度。

与现实生活的联系

天文学家利用彩色滤光片提高对恒星、行星、星系和星云的观测效果。当观察行星时,彩色滤光片尤显重要。如果没有彩色滤光片,你所观测到的火星是橙色的,你根本无法观察到火星表面的细节。随着在天文望远镜上使用红色和橙色的滤光片,人们就可以更加清楚地观察火星表面的细节。如果天文学家想要研究火星周围的蓝云,最好使用绿色、蓝色和紫色的滤光片。用浅黄色的滤光片加强了这个星球表面的阴暗区域——"海"的对比度。黄色滤光片也通过增加对比度,凸显出了极地冰盖和沙漠区域。

黄色滤光片在观察木星上的带状物时也是很有帮助的,因为它增加了每个单独区域的对比度。"大红斑"是木星上的飓风,体积大约是地球上飓风的3倍,它已经在这个星球表面活动了至少300年。为了分析"大红斑",天文学家可能会选择蓝色滤光片,以便让这个区域更加凸显出来。"蓝色花彩"是指木星赤道附近一大片手指状投影云,黄色滤光片可使"蓝色花彩"变得暗淡。红色滤光片则加强了行星的表层特征和云层间的对比度。

想要了解更多吗?

参见附录中"我们的发现"。

实验 18 平面天体图的制作

题 目

制作一个平面天体图,可以用来帮助我们识别恒星和星座。

简 介

一个晴朗的秋夜,在户外观察天空,你可能会发现像水瓶座和飞马座这样熟悉的星座。然而,如果你在春天于同一地点观察天空,你会惊奇地发现,星座是会变换位置的。其中一些在秋天能看到的星座在春天却看不到。星星似乎是会移动的,这是因为地球的绕轴自转使我们在一年的不同时间看到了不同的天空。此外,由于地球绕太阳旋转,我们所能看到的天空范围也在改变。

如果使用平面天体图,你会在任何时间、任何夜晚找到你周围的天空所在的位置。这个设备是一个车轮状的星图,并且可以转动和设置具体的时间和日期。在本实验中,你将制作一张平面天体图。

实验时间

55 分钟

实验材料

- 关于星座的天文书籍或使用网络
- 剪刀
- 胶带
- 图1的影印版
- 图2的影印版
- 实验记录本

安全提示

请仔细阅读并遵守本书"实验前必读"中的"安全准则"。

实验步骤

1. 剪下图1的影印版,把它作为平面天体图的框架。沿着纸顶端的线剪下(带时间刻度的线)并把中心椭圆也剪下。

2. 沿着图2影印版标有月份名称的线沿外围剪下,作为星盘或星轮。

3. 注意图2已标出了一些星座,但并不是所有的。查阅天文书籍和上网来确定空白处星座的名称。并把名称写在空白处。没有表明的星座有:水瓶座、飞马座、双鱼座、鲸鱼座、波江座、天鹅座、天琴座、武仙座、天龙座、小熊座、大熊座、仙后座、仙王座、天兔座、金牛座、猎户座、小犬座、大犬座、双子座、长蛇座和大犬座。

4. 把剪下来的图1沿着3条虚线对折。在折叠的地方贴上胶带后,形成一个口袋状。

5. 把星盘插入图1影印版中。

6. 旋转星盘,观察星星和星座是如何移动的。你可以从星盘顶部的月份知道天体可见的时间。如果你想知道今晚9点天空的情况,找到今天的日期并设置到晚上9点。你在椭圆处看到的星星今晚会出现。

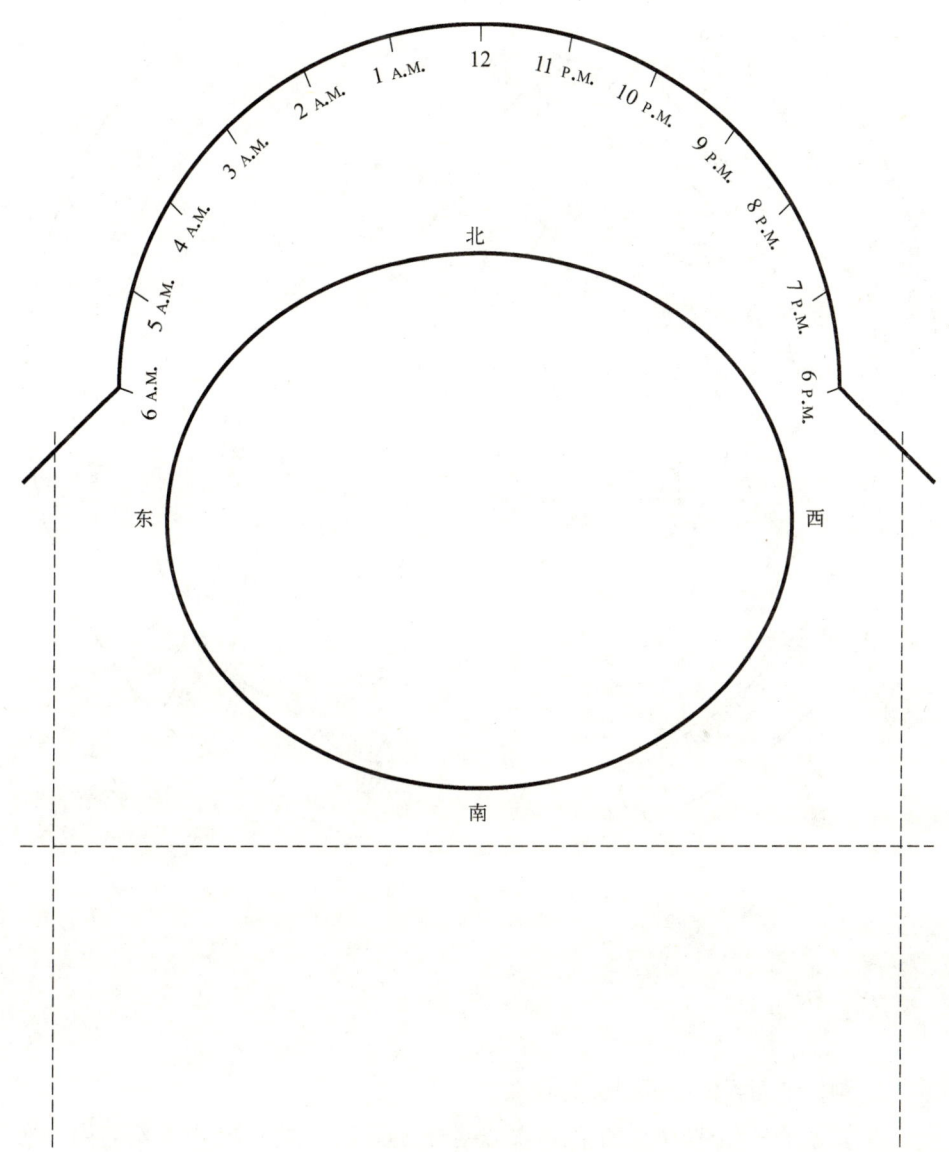

图 1 平面天体图的框架

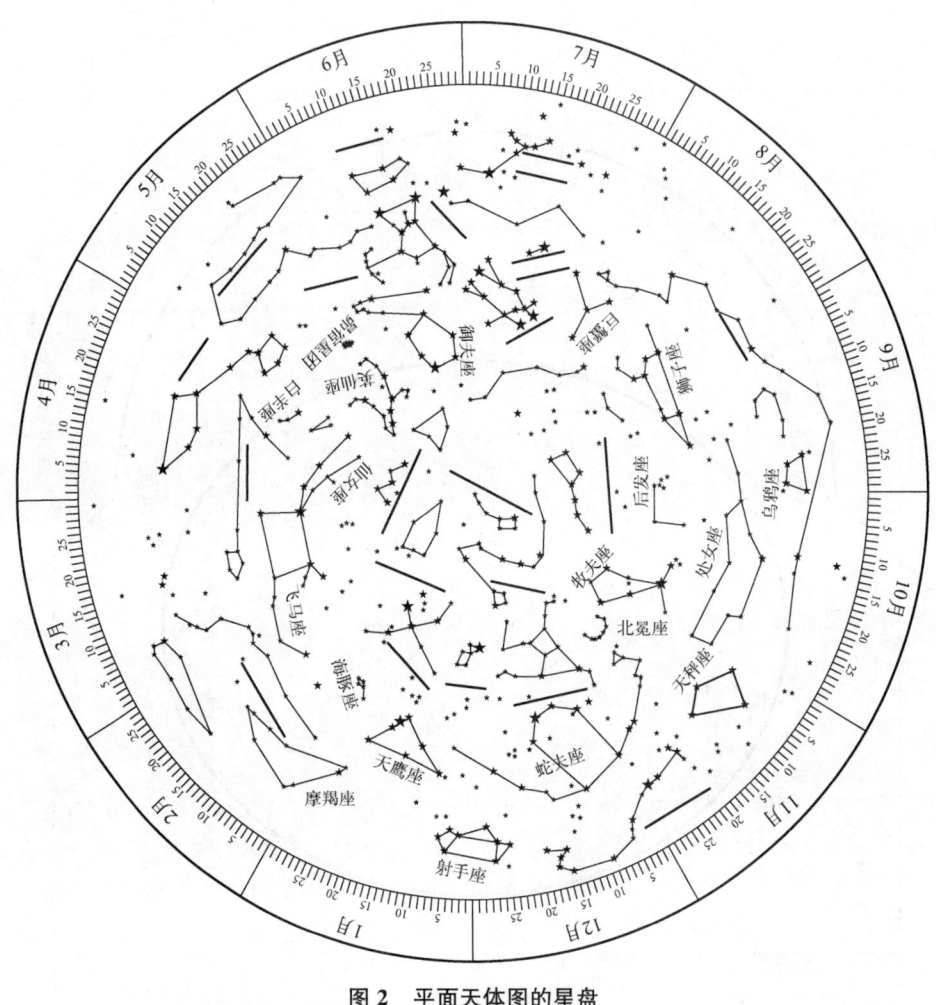

图 2 平面天体图的星盘

分 析

1. 制作平面天体图的目的是什么?

2. 设置星盘,把框架上的午夜 12 点对准星盘上的 12 月 25 号。沿着南方地平线,你能找到哪 3 个星座?

3. 在同样的日期,长蛇座在哪里?

4. 假设你每晚 9 点都观察夜空,请找出整个天蝎座首次出现的月份和日期。

5. 取出星图,并找到圆心(你需要折叠地图来找到圆心)。夜空的最中心叫做"天顶"。哪个星座最接近天顶？

6. 1月9日晚上9点观测小熊星座，并描述它的位置。

7. 描述6月13日晚上9点小熊星座的位置。

8. 哪个星座在你出生时升起（出现在东地平线）？你生日时，哪个星座出现在天顶处？

实验中将会发生什么？

通过剪裁图1影印版制作一个平面天体图的框架。注意时间写在图1的顶端。把图2的影印版插入到图1中，你便可以转动星盘。使用平面天体图时，旋转星盘或星轮到具体的日期和时间。在椭圆形的开口处，你就会看到那个日期的天空景象图。请注意椭圆的周围和边缘标有东、西、南、北。想象你站在一个开放的区域，这些地平线就在你周围天空的边缘。当你把平面天体图放在面前，地平线看起来是颠倒的。如果把平面天体图举过头顶，并对准东西南北基本方位，它们就能指出你所熟悉的方位了。

练习使用平面天体图。你应该记住我们头顶上方的天空是拱形，而天体图是平面的。因此，有一些星座的形状和位置会失真。如果你要从东到西地观测天空，可以在地图上直接查看。但是，如果在室外观测天空的话，面向东边，西方地平线就在你的身后。所以你必须转身才能看到西方的景象。

在课堂上制作的平面天体图可能无法完美地确定你的方位。当你把它拿到户外，你会发现一个特殊的星星在晚上9点升起，而不是平面天体图上显示的10点。记住真正精确的平面天体图是根据具体纬度设计的。如果你看了根据精确纬度制作的星图，就会发现上面显示的时间与我们制作的天体图显示的时间有一些不同。此外，我们制作平面天体图并没有把白天的时间考虑在内。虽然存在这些问题，但我们所设计的平面天体图还是可以提高每晚的观星效果的。

与现实生活的联系

面朝南方，观测南方天空，并转动平面天体图，使南半球处于地图的底端。面对西方，观测西方的天空，把西半球转到地图的底端。你也可以用同样的方式观测东、北两个方向的天空。

为了确定星星升起的时间,转动星盘,使它分别对准东、东北和东南地平线。然后阅读平面天体图顶端的时间和日期,例如,天狼星是大犬座最亮的星。如果调整平面天体图,天狼星就刚好在椭圆东部边缘出现,你就会发现每个月它升起的时间都是不同的:8月份是凌晨3点—5点,9月份在凌晨0:30—2点出现,等等。调整并设置好星轮来观测天狼星,使它对准西边地平线。设置好后,便可以读出天体图顶端的日期和时间。

　　当你转动星轮,你就会发现一些星星和星座不用设置便可以在任何时间看到。它们位于星轮的中心。星轮的最中心代表"天顶",位于头顶的正上方。而绕中心点旋转的星星则被称为"拱极"。

想要了解更多吗?

　　参见附录中"我们的发现"。

实验 19　平面天体图的使用

题　目

平面天体图可以用来定位夜空中的星星和星座。

简　介

　　如果你观察过天空,你会发现星星的分布每晚都在变化。星星每天从东方升起从西方落下。当然,它们并没有真的移动。而是我们的地球在移动,地球主要通过两种方式实现这种变化:地球绕着太阳旋转且绕着轴心自转,所以我们看到的宇宙也在不断改变。在这种不断变化的背景下,一个业余的天文学家如果想要定位天体的位置,就需要一张平面天体图,平面天体图可显示在一年中每晚夜空的不同画面。图1展示的是一张简单的平面天体图。

　　天体图在人类历史上已经存在很久了。古罗马早期的天文学家利用天体图了解恒星的运动。巴比伦、希腊、阿拉伯和波斯科学家建造了精密的金属仪器来研究不断变化的太空科学。其中最简易的仪器就是平面天体仪。这个仪器是由天体图围绕一个中心点构成的,人们至今仍在使用该仪器。天体图被安置在固定框架里,人们只能通过该仪器看见天空在某一特定的日期和时间内的景象。通过转动围绕中心点旋转的地图,便可以模拟由于地球自转引起的变化。在本实验中,你将使用一个平面天体图来定位、观察并测量夜空中的天体。

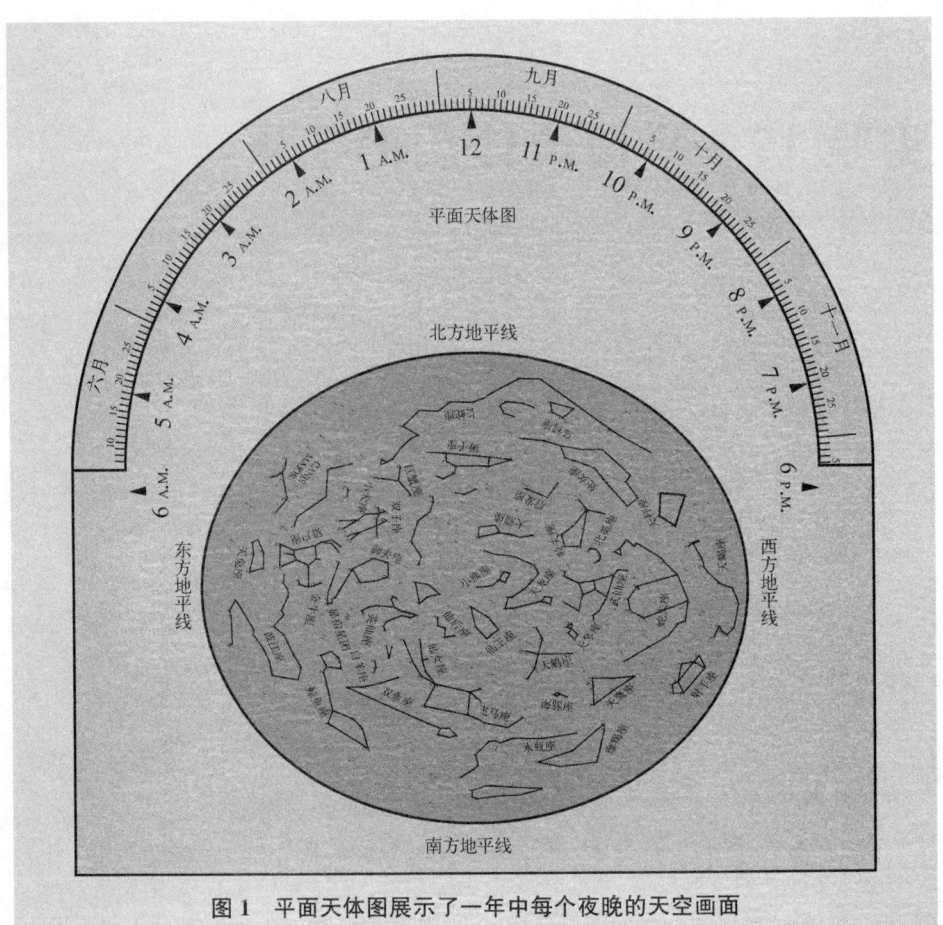

图 1 平面天体图展示了一年中每个夜晚的天空画面

实验时间

55 分钟

实验材料

● 平面天体图(使用实验 18 "制作天体地图"中制作的平面天体图或者购买的平面天体图)
● 指南针

- 红色玻璃纸包裹的手电筒
- 钢笔或铅笔
- 实验记录本

> **安全提示**
>
> 请确保在教师指定的区域内。请仔细阅读并遵守本书"实验前必读"中的"安全准则"。

实验步骤

1. 带着你的平面天体图、实验记录本、红色玻璃纸包裹的手电筒、指南针和铅笔或钢笔,到教师要求的户外地点观测夜晚的天空。

2. 花几分钟时间让你的眼睛适应黑暗,确保手电筒发出的红光不会影响你的夜间视力。

3. 通过旋转天体图来排列正确的月份、日期和时间,以此来设置平面天体图今天的日期和时间。

4. 观察星盘。在你的实验记录本上写下两个平面天体图上星座的名称,这两个星座需依次靠近以下位置:① 北方地平线;② 西方地平线;③ 南方地平线和④ 东方地平线。

5. 把手电筒关掉后,仰望天空,面朝北边地平线。必要时使用指南针来调整方向,找到北方。寻找步骤4中靠近北方地平线的两个星座。找到后检查你的实验记录本。如果你找到一个或更多预料之外的星座,记录在笔记本上(如果你不知道这些星座的名字,可以将它们素描下来)。

6. 把位置分别变换成西、南、东方地平线,重复第5步的做法。

7. 在你的平面天体图中心点处,找到"天顶",在中心点上画一个圆点。在平面天体图上的哪个星座靠近天顶?把这个星座记录在笔记本上。

8. 直线仰视天空。哪个星座几乎在你的头顶正上方?把它记录在你的笔记本上。

9. 数一数在你头顶上方星座的星星,把数量记录在你的笔记本上。

10. 转动星盘,让星座从东边移动到西边,注意靠近星盘中心的星座不要低于地平线。这些星座叫做"拱极星座",并记录在你的笔记本上。

11. 往上方看,找到在笔记本上记录的"拱极星座",然后进行核对。

12. 用手来估算天空的距离的度数,把手向前伸出一臂长。小指在空中大约是1度,举起你的中间3个指头。它们大概是5度。拳头大概是10度左右,打开的手掌大概是18度(见图2)。

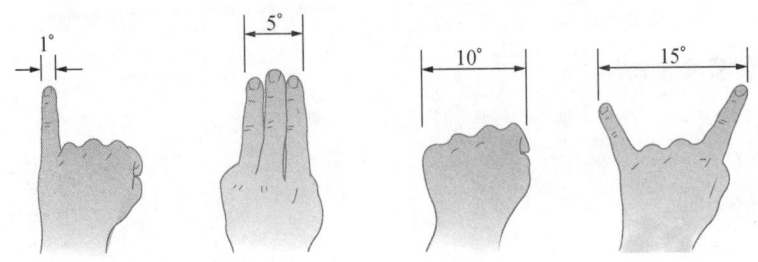

图2　当用手指和手进行角度测量时,确保你的手臂完全向前伸直

13. 估算一些星星之间距离的度数。找到天枢星和天权星(见图3),分别位于大北斗星碗口的两端。用手指测量它们之间距离的度数。如果你测算它们之间的距离为10度,那么你就测对了。如果不是,不断练习直到测量正确为止。

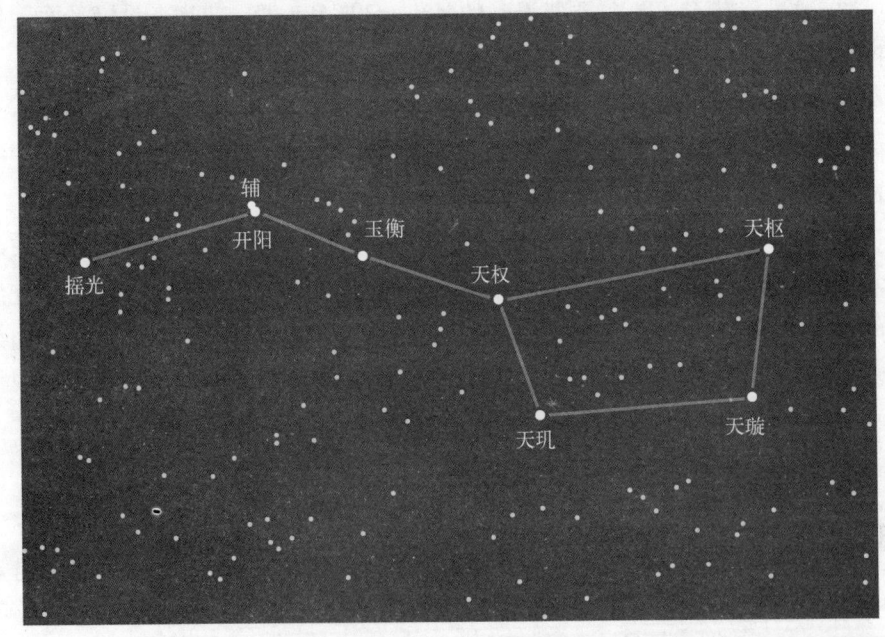

图3　大北斗七星由天枢、天璇、天权、天玑、玉衡、辅和开阳(距离非常近)以及摇光星组成

14. 测量天枢星与它下面的天璇星之间的距离。把你的测量结果记录在实验记录本上。

15. 在小北斗七星的最底端是北极星。北极星位于地平线以上多少度？把你的发现记录在实验记录本上。

16. 测量天枢星和北极星之间的距离，把测量结果记录在你的实验记录本上。

分　析

1. 你在东方、南方、西方和北方分别看到了什么星座？
2. 哪组星星在你的头顶正上方？这组星星总共多少颗星星？
3. 写出拱极星团和星座的名字。
4. 你认为拱极星座绕北极星做一次完整旅行需要多长时间？
5. 天枢星和北极星之间的距离是多少度？
6. 北极星和地平线之间的距离是多少度？

实验中将会发生什么？

在这个实验里，你需要用一张平面天体图找到夜空中的星座。如何定位天空中星座位置的高低取决于一年中不同的时间。例如，在冬天11月—3月观测天空，你就能看到大犬座。而在春末和夏季观测，就看不到这个星座。在春末，则可以看到在秋冬季看不到的天蝎座。

你也可以定位拱极星团和星座，其中包括天龙座、仙王座、仙后座、大熊座、天龙座和小熊座。在小熊座里，有着著名的北极星。尽管它不是天空中最亮的星星，但因为它所处的位置重要，成为了一颗大名鼎鼎的星星。北极星周围的星星好像都绕着它在旋转。

天空中的距离可以用角度测量。为理解角度测量的逻辑，把天空想象成一个内部中空的球体。"角距离"是球体内部两点之间的距离。就是这两点与球体中心连线的顶点夹角的距离。球体中心顶点的角度一般用弧度表示。如果你用手指或手估算弧度的话，此时，你（或你的眼睛）就是顶点，因为你正处于想象中球体的中心。

实验19　平面天体图的使用

与现实生活的联系

在夏季,业余和专业的太空观测者欣赏着夏季大三角,这一景象可以从黄昏持续到夜晚。在图4中我们可以看到夏日大三角是由天鹰座的牵牛星、天琴座的织女星以及天鹅座α星3组亮星组成。其中,织女星是最亮的一颗,带有蓝白色的光辉。如果天空晴朗的话,你会看见在牵牛星和织女星之间有一个距离遥远的微弱的恒星发光带。这个地带就是我们的星系——银河系的边缘。

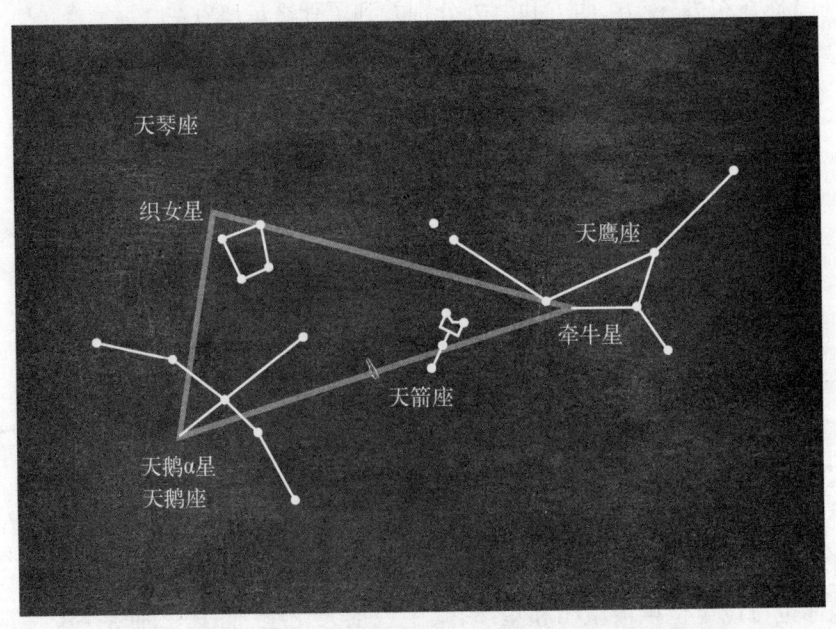

图4 "夏日大三角"是由来自3个不同星座的3组亮星组成

虽然称为"夏日大三角",但在北纬,一年的每个夜晚都可看到这组星星的不同的部分。对于定期的观星者来说,这组星星能作为日历使用。在6月,大三角出现在傍晚天空的东部。在9月,它就会移动到天空中更高的位置,在黄昏时位于天空的南部。

"夏日大三角"是一个星宿,它具有星星的模式却不是一个星座。有的星宿可能由几个不同星座的星星组成,就像夏日大三角一样。而有的星宿是由同一个星座的星星组成。其中熟悉的星宿就是小熊星座的小北斗七星,是小熊星座里一组特殊的星宿。"冬季六边形"是 6 颗星组成的突出的星宿。其中每颗星都来自不同的星座。

想要了解更多吗?

参见附录中"我们的发现"。

实验 20 　天文学历史

题　目

如今人们对天文学的理解是建立在前人早期研究基础之上的。

简　介

天文学是最古老的科学之一。在世界各地都可找到一些人们在古代观测星体的证据。现存世界上最著名的早期观测文物之一,就是公元前2500年在英格兰建立的史前巨石阵遗迹(参见图1)。虽然历史学家并没有确定这一遗迹的用途,但他们普遍认为它曾经是一个仪式中心。而中心的这几组大石头则分别对准特定日期的太阳与月亮的位置。

图 1　人们对巨石阵的复原表明了这一遗迹曾经一度出现过

历史证据表明,几个世纪以来,天文学在印度一直是人们感兴趣的领域。印度古老的哲学书——《梨俱吠陀》,记载了公元前2000年左右对天体的观测。其中,印度天文学家阿耶波多(Aryabhata,476—550)提出太阳是宇宙的中心这个伟大的设想,他对于宇宙的正确认识领先了希腊几百年之久。中国历史上也有很多关于天文学研究的描述。例如,有的理论把宇宙的形状比喻成一个鸡蛋,而地球就是鸡蛋的蛋黄。有的则把宇宙描述成是无限的,并包含有各种悬浮天体。早在公元前1059年,中国天文学家就已经开始研究和记录天体,哈雷彗星的最早记录就出自中国。

巴比伦人与苏美尔人(曾经存在于当今的伊拉克和叙利亚地区的美索不达米亚文明)研发了先进的数学,并用于研究太阳和行星的运动。他们预测了天体的运动并以这些运动为基础编制了日历。在此基础上,埃及天文学家利用类似的技术发明并设计了一个日历,用来预测尼罗河泛滥的周期。埃及金字塔也具备一些与天文学有关的特征,比如金字塔的内部轴指向星星。古埃及天文学家同样依赖天体现象,他们认为研究天体可以帮助死者找到他们通往来世的路。

在本实验中,你将研究一位早期天文学家的工作和生活,之后与班级的同学分享。

实验时间

55分钟

实验材料

- 网络和天文学书籍
- 打印机(可选)
- 评分表的影印副本
- 海报板
- 彩色记号笔
- 实验记录本

> **安全提示**
>
> 请仔细阅读并遵守本书"实验前必读"中的"安全准则"。

实验步骤：第一部分

1. 与你的实验搭档合作完成一个由教师分配的海报。你要研究的是人对于天文学主体知识的发展有着重要作用。你可以在网上搜索或者查阅天文学方面的书籍。在全班展现你海报的同时要进行简短的口头介绍。你的海报和口头简介会根据评分表打分，请在你开始工作前务必过目评分表。历史上重要的天文学家包括：

亚里士多德（Aristotle）
于尔班·勒威耶（Urbain Le Verrier）
阿利斯塔克（Aristarchus of Samos）
克莱德·汤博（Clyde Tombaugh）
埃拉托色尼（Eratosthenes of Cyrene）
哈罗·沙普利（Harlow Shapley）
克罗狄斯·托勒密（Claudius Ptolemy）
安妮·J.坎农（Annie J. Cannon）
尼古拉·哥白尼（Nicolaus Copernicus）
阿尔伯特·爱因斯坦（Albert Einstein）
第谷·布拉赫（Tycho Brahe）
爱德温·哈勃（Edwin Hubble）
伽利略·伽利莱（Galileo Galilei）
贝特·汉斯（Hans Bethe）
约翰尼斯·开普勒（Johannes Kepler）
卡尔·央斯基（Karl Jansky）
艾萨克·牛顿（Isaac Newton）
乔治·伽莫夫（George Gamow）
爱德蒙·哈雷（Edmond Halley）

乔林斯·贝尔·伯内尔（Jocelyn Bell Burnell）
威廉·赫舍尔（William Herschel）
安东尼·休伊什（Antony Hewish）
约翰·亚当斯（John Couch Adams）

2. 你的海报需要包括以下信息：

① 传记的信息。你所研究的这位天文学家生活的年代、生活地点、谋生手段、学习地点。信息要尽可能的详细，使同学们感到真实。

② 成就。这位天文学家是如何对天文学的进步做出贡献的。

3. 如果出现的术语你和你的同学都认为是新的、从未见过的，那就给它下个定义。

4. 海报上至少包括3张图片或照片，以帮助大家了解这个人以及他对天文学所做出的贡献。

5. 海报应整洁干净，丰富多彩，内容有趣。

实验步骤：第二部分

1. 把你的海报呈现给全班。你的展示应该勇于创新、有趣。大概展示5分钟。你和你的实验伙伴都必须参与这5分钟的展示环节。
2. 回答观众提出的问题。
3. 当其他组做展示的时候，需要认真听，并作笔记、提问题，帮助理解。

实验步骤：第三部分

1. 把你的海报竖立在桌子或柜台上，便于其他同学参观。
2. 参观其他组的海报，记笔记，这样做可以帮助你回答分析问题。

分 析

1. 在班级的海报展示中，谁是最早的天文学家？谁是最新的天文学家？
2. 术语"哥白尼日心说"的意思是什么？
3. 是谁首先提出并解释了宇宙的地心模型？

4. 什么是行星的"逆行运动"？

5. 哪位天文学家建造了具有精密仪器的天文台，能用肉眼就可以观测到行星运动？

6. 哪位天文学家分析了布拉赫的长时间行星运动记录？

7. 在开普勒之前，科学家们是如何描述行星轨道的？

8. 伽利略发现了一颗行星具有自己的卫星，这一发现动摇了地球中心说。他观测的是哪颗行星呢？

9. 谁的定律使哈雷能够计算出彗星的轨道，因此人们以他的名字命名了这颗彗星？

评 分 表

标　准	3	2	1
生活的年代？生活地点？如何谋生？在哪里学习？	海报包含了所有标准。主题描述很好	包含了3个标准	包含2个标准或更少
这位天文学家对天文学的进步做出了怎样的贡献？	海报呈现了天文学家对天文学的若干个贡献	海报呈现了天文学家对天文学的少许几个贡献	海报呈现的天文学家对天文学的贡献少于2个
词汇	对所有术语都下了定义	对有些术语下了定义	只对少数的术语下了定义
图片和照片	海报上有3张或更多合适的图片和照片	海报上有2张合适的图片和照片	海报上只有1张或没有合适的图片和照片
丰富多彩；整洁干净；内容有趣	海报符合3条标准	海报符合2条标准	海报只符合1条或不符合任何标准
与实验伙伴共同呈现海报内容；5分钟时间；充分展示了海报内容和信息。	展示符合3条标准	展示符合2条标准	展示只符合1条或不符合任何标准
问题	做展示的人回答了所有观众提出的问题	做展示的人回答了观众提出的一些问题	做展示的人回答了观众提出的少数问题或没回答问题

10. 术语与其对应的定义连线。

● 小行星　　　　　a. 一个椭圆轨道

● 双子星　　　　　b. 2颗恒星互相围绕旋转的系统

- 黑洞
- 彗星
- 椭圆
- 银河
- 视差
- 超级新星

c. 绕太阳旋转的比流星小的天体
d. 恒星爆炸产生大量的光
e. 一个物体位置的改变取决于观察者位置变化
f. 大量冰冻的小尘埃围绕行星在椭圆轨道旋转
g. 恒星的核心坍缩后耗尽所有燃料
h. 恒星群

实验中将会发生什么？

在经过早期天文学阶段之后，在接下来的历史时期里，天文学发展可以划分为5个阶段：希腊、中世纪、文艺复兴、现代和20世纪。希腊人对于天文学的发现为现代天文学提供了一定基础。希腊天文学家也是哲学家，借助逻辑和推理来帮助他们了解天空。天文学的学生一般被灌输地球是宇宙的中心这一思想。阿利斯塔克（前310—前230）发现太阳比地球大得多，进而提出地球绕着太阳旋转的思想。只有很少的科学家同意他的观点。阿利斯塔克去世后10年，人们仍然嘲笑他的想法。如著名的希腊哲学家，喜帕恰斯（Hipparchus，前190—前120）和托勒密（Ptolemy，约87—150）等都曾经嘲笑过阿利斯塔克的观点。

中世纪时期，波斯和阿拉伯的天文学家研究恒星的位置以及行星和月亮的运动。他们并对地球的直径进行了较为准确的计算。许多同一时期的欧洲人认为，行星的运动影响着人们的日常生活。阿拉伯科学家设计并建造了精确的观测和航海工具，帮助他们利用行星来引导他们进行探索。

文艺复兴时期包括了许多世界著名的天文学家。波兰科学家尼古拉·哥白尼（1473—1543）赞同阿利斯塔克理论，同时又拓宽了地球是围绕太阳旋转的行星之一的理论。虽然哥白尼的逻辑和数据对同时期的许多科学家产生了启发，但他没有充分分析行星的运动和它们轨道的形状。包括哥白尼在内的很多天文学家都认为行星的轨道必须是圆形的。图2显示了哥白尼学说中的宇宙模型。哥白尼的工作受到了一位伟大的丹麦科学家——第谷·布拉赫（1546—1601）的大力支持，第谷·布拉赫对天文学的贡献是用肉眼观测天体。德国天文学家约翰尼斯·开普勒（1571—1630）与布拉赫合作并分析了他的数据，开普勒得出的结论是，行星轨道是椭圆形而不是圆形，从此解决了困惑天文学家几十年的谜题。意大利科学家伽利略（1564—1642）制作了用于观测行星和其他天体的望远

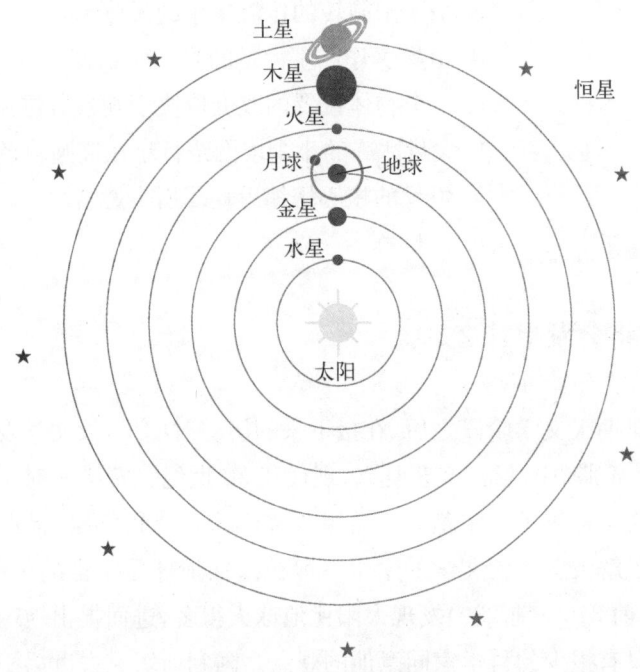

图 2　哥白尼的宇宙模型

镜，并发现了更多的证据来支持哥白尼、布拉赫和开普勒。

在现代早期，一些英国人在天文学领域做出了重要的贡献。艾萨克·牛顿（1642—1727）是现代最著名的天文学家，在提出了他的牛顿运动定律之后，在1687年他又提出了万有引力理论。这些理论有助于解释行星是如何绕着太阳运行的。牛顿还研发了描绘彗星轨道和太阳对月球引力影响的数学模型。牛顿还曾与爱德蒙·哈雷（1656—1742）一起工作，哈雷预言他以前观察到的彗星将于1758年重新出现，因此得到了以自己名字命名天体的殊荣。大约在同一时间，约翰·弗拉姆斯蒂德（John Flamsteed，1646—1719）编辑了一个恒星的目录并将每个星座的恒星进行了编号。1750年，托马斯·赖特（Thomas Wright，1711—1786）扩充了银河系构造的知识。

德裔的英国天文学家威廉·赫舍尔（1738—1822），于1781年发现了天王星。赫舍尔的妹妹卡罗琳·赫舍尔（Caroline Herschel，1750—1848）是一名凭借自身努力而成功的出色的天文学家，兄妹二人曾一起于1802年发现了一个"双星系统"。法国的查尔斯·梅西尔（Charles Messier，1730—1817）根据自己的观测编制成了一个星系、星云和星团目录，人们至今仍在使用。德国眼科医生约瑟夫·冯弗劳恩霍夫(Joseph von Fraunhofer,1787—1826)对光的本质很感兴趣。1814年,他使用名为"衍射光栅"的设备看到了太阳光谱暗线。他的工作为以后的科学家奠定了基础,同时提供了一种有效的方法,即根据恒星发出的光谱性质来分析恒星构造。1837年,另一名德国人,威廉·比尔(Wilhelm Beer,1797—1850),发布了第一个准确的月球地图。法国人让·伯纳德·莱昂·傅科(Jean-Bernard-Léon Foucault,1819—1868)用一种特殊的钟摆证明了地球绕轴自转。

到了20世纪,天文学方面的科学发现急剧增加。新理论的产生是建立在现有知识基础上的,德裔美国人阿尔伯特·爱因斯坦(1879—1955)提出了相对论,并阐释在真空中光速是一个普适常数。丹麦的埃纳尔·赫茨普龙(Ejnar Hertzsprung,1873—1967)和美国的亨利·诺里斯·罗素(Henry Norris Russell,1877—1957)发现了恒星的亮度和种类之间的关系。美国的埃德温·哈勃(1889—1953)证实了除银河系以外的星系的存在,并提出星系之间是在不断移动变化的。英国的乔斯林·贝尔·伯内尔(Jocelyn Bell Burnell,1943—)发现了脉冲星,就是指发出周期性的无线电波的恒星。

与现实生活的联系

在20世纪后半叶,天文学增加了一个新领域——太空探索。1957年,苏联发射了第一颗进入太空的人造卫星。四年后,俄罗斯宇航员尤里·加加林(Yuri Gagarin,1934—1968)成为登上太空第一人。美国人尼尔·阿姆斯特朗(Neil Armstrong,1930—)和巴兹·奥尔德林(Buzz Aldrin,1930—)于1969年登陆月球。1989年,美国航天局根据带有宇宙背景探测器(COBE)的卫星提供的数据,帮助确认了宇宙起源的"大爆炸理论"。埃德温·哈勃首次提出,约在15亿年前,宇宙的所有能源和物质都起源于一个地方。一次大爆炸后,宇宙便从此充满了粒子。目前我们的宇宙就是由这些粒子组成的,这些粒子仍然以令人难以置信的速度不断运动着。

想要了解更多吗?

参见附录中"我们的发现"。

附 录

实验环境的设置

本书中的实验都是根据实验时所使用的材料和设备进行分类的,分类如下:

- "学校实验"标题下的实验,使用的设备和材料都只能在实验室中找到。同时标有"学校实验"的实验也必须在学校的实验室中进行。实验需要在教师或其他成年人的监督下进行。
- "家庭实验"标题下的实验所使用的材料都是家中常备或日常使用的东西。这些实验只需要在有成人监督的情况下在家中进行。
- "户外实验"标题下的实验,既可以在学校进行也可以在家中进行,只需要有成人监督即可。

学校实验

实验3　晶体成长和大小

实验5　鉴定矿物质

实验9　为岩石命名

实验15　冰雹的形成

实验16　蒸发的速度

家里实验

实验 2　地形图
实验 4　土壤侵蚀
实验 6　土壤颜色和温度
实验 7　边坡稳定性
实验 10　岩石变形
实验 11　使用半衰期测定岩石年龄
实验 12　风寒
实验 14　追踪飓风
实验 17　天文望远镜的彩色滤光片
实验 18　平面天体图的制作
实验 20　天文学历史

户外实验

实验 1　平面图
实验 8　沙丘的侵蚀
实验 13　相对湿度
实验 19　平面天体图的使用

我 们 的 发 现

实验 1　平面图

课堂讨论建议：请学生列出好的公路线路图的几个特点。探讨地图的种类是多样的。

教师建议：实验的第二部分是在户外进行的。如果找不到合适的户外场所，可以将此部分实验省略。

> **分　析**

1. a. 博伊西,爱达荷州 45°,115°;b. 蒙哥马利,阿拉巴马州 30°,85°;c. 罗利市,北卡罗来纳州 35°,80°;d. 俄克拉荷马市,俄克拉荷马州 35°,100°;e. 萨克拉门托,加利福尼亚州 39°,121°。

2. 位置不同答案会有所不同。

3. 约 4 100 千米。

4. 约 900 千米。

5. 根据学生地图的差异答案会有所不同。

6. 答案会有所不同。但是大部分学生可能会在距离表示法、指北针和符号上做一些改动。

7. 图例的作用是解释地图上的信息。

实验2　地形图

课堂讨论建议：给学生展示一幅地图或者地形图的幻灯片。通过观察地形图,让学生分析地形图的用处是什么。

> **分　析**

1. 353.6 米;304.8 米;487.7 米。

2. 329.2 米;347.5 米。

3. 347.5 米。

4. 24.4 米。

5. F 山在北面更陡峭;北面的等高线更加紧密。

6. 南。

7. 49.7 米。

8. 东南。

9. 海拔变化最大的区域在右上角。其海拔从 49.7 米降低到 33.2 米。

10. 阴影线标注的地区为低压带。

11. 学生所画的地形图不同,答案会有所不同。

12. 学生所画的地形图不同,答案会有所不同。

实验3　晶体成长和大小

课堂讨论建议: 请学生为一些晶体命名(晶体可以为石英、食盐和钻石)。请学生回答是什么因素决定了晶体的特征(晶体是有固定分子排列顺序的固体)。

教师建议: 课前应该决定是否在结晶表面使用细绳或竹叉。为每一个实验小组准备足够的细绳或竹叉。细绳或竹叉的长度应该相同,便于比较晶体的成长速度。

分　析

1. 图会有所不同。但是应该代表实验步骤7形成的糖晶体,下面展示了一个图的范例。

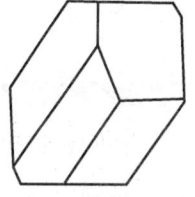

2. 2只梅森瓶里的糖晶体都是六角棱柱体。
3. 答案会有所不同。最大的晶体形成于放置在几乎没有移动空气、凉爽阴暗处的装有纯溶液的梅森瓶里。
4. 答案会有所不同。通常情况下,纯溶液会比含有污染物的溶液产生更多的晶体。溶液在易于蒸发的地方(比如窗台等地方)会产生更多体积更小的晶体。
5. 答案会有所不同。生长在纯溶液中的晶体重量大于生长在含有污染物的溶液中的晶体。
6. 答案会有所不同。学生也许会认为含有污染物浓度较高的溶液不会形成晶体,或者在有风及存在其他运动方式的地方不会形成结晶。

实验4　土壤侵蚀

课堂讨论建议: 请学生描述一些当地的土壤侵蚀现象。看看学生对侵蚀地点的土壤了解多少。

教师建议: 如果有可能,请一些学生从家里拿一些土壤样本(每种样本约6杯)。可供选择的附加物有砂砾、陶土、土壤覆盖层、黏土、表土、苔藓或其他物质。为了扩展教学内容,请学生自己扩展实验步骤测试不同程度的降水是如何影响侵蚀的。学生可以使用杯子、喷壶和其他容器将水撒在土壤上。

分　析

1. 学生们使用土壤的种类不同答案会有所不同。通常情况下，颗粒小的土壤摩擦系数小，最容易受到侵蚀。

2. 斜坡上的土壤比平面上的土壤受到侵蚀的速度更快。在41.5°—50°的斜坡上，没有任何方法可以阻止或者减慢侵蚀。

3. 答案会有所不同。学生们会设计与本实验相似的实验步骤展开实验。

4. 答案会有所不同。活着或者死去的植物以及无机物形成的覆盖物会使侵蚀速度减慢。

5. 答案会有所不同。学生可能会建议使用地被植物、梯田和在土壤里混合较大颗粒的办法控制侵蚀。

实验5　鉴定矿物质

课堂讨论建议：请学生回答地质学家会用哪些手段鉴定矿物质。

教师建议：避免提示学生明显的矿物质特征，方便他们鉴定矿物质。

分　析

1. 结果将有所不同。学生们将把需要鉴定的矿物质与已知矿物质样本相比较，找到相匹配的信息来支持自己的判断。

2. 答案会有所不同。如果矿物里含有磁铁矿或者铁镍化合物，答案是肯定的。

3. 答案会有所不同。如果矿物里含有碳酸盐，答案是肯定的。

4. 样本不同答案会有所不同。

5. 样本不同答案会有所不同。

实验6　土壤颜色和温度

课堂讨论建议：请学生回答不同土壤类型的特征。指出颜色是土壤的一个特征。

分　析

1. 答案会有所不同。

2. 答案会有所不同。除了颜色以外,学生会列出一些与实验相关的因素(温度、光照、湿度)。

3. 从不同地点收集的土壤除了颜色以外还会有很多变量。它们可能会含有不同的成分和不同的含水量。

4. 答案会有所不同。

5. 答案会有所不同。学生可以选择话题,并设计核对实验对这些话题进行验证。

实验7　边坡稳定性

课堂讨论建议：请同学们讨论山崩并分析山崩产生的原因。

分　析

1. 根据学生实验结果答案会有所不同。

2. 答案会有所不同。

3. 实验只能一次检验一个变量,以此确保实验结果具有合理性。

4. 学生的实验设计存在差异,答案会有所不同。

5. 学生的实验设计存在差异,答案会有所不同。

6. 答案会有所不同。学生也许会建议再检测一个变量,比如土壤种类或者土壤里的含水量。

实验8　沙丘的侵蚀

课堂讨论建议：展示预防沙丘侵蚀的栅栏图片或者幻灯片。请学生解释为什么需要防护栅栏。

分 析

1. 根据实验结果答案会有所不同。
2. 答案会有所不同。但是侵蚀量将会增加。
3. 答案会有所不同。但是侵蚀量将会增加。
4. 冰棒棍减慢了侵蚀的速度。
5. 在减慢侵蚀速度方面,布条比冰棒棍更有效。
6. 答案会有所不同。
7. 答案会有所不同。但是学生也许会指出植物阻止了风,植物的根帮助固定了沙子微粒。

实验9　为岩石命名

课堂讨论建议:拿出2、3个在当地找到的岩石,看看学生是否能知道这些岩石的名字。讨论事实:知道岩石的特征可以帮助我们确定该岩石的类型。

教师建议:为每个实验小组准备需要检验的岩石。

①把下面这6种火成岩放在一个空的蛋形硬纸盒里:玄武岩、熔渣、黑曜石、浮石、流纹岩和花岗岩。给每一块岩石指定一个号码,然后将号码写在蛋形硬纸盒上。

②把下面这5种变质岩放在一个空的蛋形硬纸盒里:片岩、片麻岩、板岩、石英岩、大理石。给每一种岩石指定一个号码,然后将这个号码写在蛋形硬纸盒上。

③把下面这5种水成岩放在一个空的蛋形硬纸盒里:白云岩、沙岩、石灰岩、泥岩、页岩。把每一种岩石的名字写在蛋形硬纸盒上。

分 析

1. 浮石有气泡而黑曜石光滑得像玻璃一样闪耀。两者存在差异是因为熔岩缓慢冷却形成了浮石,而熔岩快速冷却形成了黑曜石。
2. 答案会有所不同。两种岩石都有许多气泡,气泡使它们的密度减小。
3. 板岩。
4. 片麻岩呈现出条纹状。

5. 页岩、砂岩和砾岩。

6. 砂岩、泥岩和砾岩。

7. 含有碳的岩石,如白云石和石灰石,产生气泡。

实验10　岩石变形

课堂讨论建议:给学生展示岩石褶曲的图片或者幻灯片。让学生猜想是什么造成了岩石形成褶曲。

分　析

1. ① 斜歪;② 对称;③ 翻转;④ 非对称。

2. 根据学生的实验结果答案会有所不同。

3. 答案会有所不同。学生如果慢慢压缩黏土会形成拉长的黏土块。

4. ① 向斜;② 相邻向斜和背斜。

实验11　使用半衰期测定岩石年龄

课堂讨论建议:请学生列举几种放射性物质并给"放射性物质"下定义。

分　析

1. 样本在7个半衰期(9 600年)之后分解了。

2. 因为没有所谓的半个原子,因此在另一个半衰期结束后整个样本才会消失。

3. 图表中X轴表示时间,Y轴表示豆元素原子数量。在图表里用7个条形代表每个样本中剩余的豆原子数量。第一个条形最高,最后一个条形最矮。

4. 答案会有所不同。通常情况下,原子样本中包含某一元素一定比率的稳定和不稳定的同位素。原子的不稳定同位素以一定的速度衰退。科学家通过使用稳定和不稳定同位素的比率,可以用现存的稳定同位素的数量计算出原来存在的不稳定同位素的数量。科学家将原有同位素的数量与现存同位素的数量相对比,使用半衰期的时间长短来确定样本的年龄。

5. 70。样本经历了3个半衰期,经历了3次分裂。

6. 3 500年。该样本的半衰期为875年,它经历了4个半衰期。

实验12　风寒

课堂讨论建议：哪一种天气更冷，是有风的下雪天还是无风的下雪天？看看学生对风寒了解多少。

教师建议：如果可能，请使用电池风扇而不是电扇。

分　析

1. 容器中的水代表身体。
2. 当风扇吹向水面时热量消失更快。
3. 风加快了身体失去热量的速度。
4. 答案会有所不同。风吹得越快，热量消失得越快。
5. 根据学生风速计的测量结果，答案会有所不同。
6. 根据学生的实验结果，答案会有所不同。
7. 根据学生的计算，答案会有所不同。答案的差异也有可能是因为风速计测量的错误或者计算的错误。

实验13　相对湿度

课堂讨论建议：请学生解释水汽是如何进入到空气中的。

分　析

1. 答案会有所不同。蒸发是一个冷却过程，所以蒸发的水冷却了湿球温度计。
2. 根据实验结果答案会有所不同。
3. 答案会有所不同。当温度达到最高时（通常是正午），户外的相对湿度最高。
4. 当相对湿度较高时，汗水不易蒸发。当空气中充满水汽时，蒸发速度将减慢。
5. 相对湿度低。当空气干燥时，湿度温度计球体上会发生蒸发作用。会使温度计上的温度下降，从而使两个温度计的温差变大。

实验14　追踪飓风

课堂讨论建议：学生能回忆起来的最近的一次飓风叫什么名字？请学生描

述与飓风相关的事件。

分　析

1. 巴哈马群岛。
2. 南佛罗里达州。
3. ① 热带低压带；② 飓风1；③ 飓风1；④ 飓风4；⑤ 飓风3。
4. 风暴强度有所缓和，强度从飓风3变为风暴。
5. 1 007 毫巴；巴哈马群岛。
6. 902 毫巴；墨西哥湾。
7. ① 增加；② 减少。
8. 当气压降低时，风速增加。
9. 陆地上方（密西西比和田纳西州）。
10. 6天半；数据表显示多了一天。
11. 答案会有所不同。路径将会很相似。
12. 答案会有所不同。通过研究飓风，科学家可以更好地预测未来飓风的路径。

实验15　冰雹的形成

课堂讨论建议：询问是否有学生经历过冰雹天气。让经历过冰雹天气的学生描述冰雹和当时的场景。如果你的学生都没有经历过冰雹天气，请他们设想遭遇冰雹和遭遇暴风雨有什么区别。

分　析

1. 答案会有所不同。但是温度可能会低于0℃。
2. 0℃。
3. 答案会有所不同。烧杯和试管中水的温度是相同的。试管在冷水中的时间较长，使烧杯和试管中的水达到了同样的温度。
4. 试管内部仍然是液体状，没有结冰。
5. 形成了结晶。学生的解释会有所不同。但是学生可能会说是冰起到了凝结核的作用，晶体形成于凝结核的表面。

6. 答案会有所不同。任何粒子都会在试管中形成冰晶。

7. 答案会有所不同。试管中的颗粒将成为凝结核。

8. 冰雹的形成需要湿气、非常低的温度和凝结核。

实验 16 蒸发的速度

课堂讨论建议：讨论水文循环以及蒸发在水文循环中的作用。

分　析

1. ① 增加；② 增加；③ 增加。

2. 答案会有所不同。当学生检测一个实验要素时，其他实验要素应该保持不变。

3. ① 高湿度将减慢蒸发速度。② 表面范围越大，蒸发速度越快。

4. 答案会有所不同。应该在夜晚浇灌草坪（或者接近黄昏或黎明时），这些时候的光线不会使蒸发加速。

5. 有风的时候。因为风帮助分裂了水表面的氢键，还吹走了水面上方的水汽。

实验 17 天文望远镜的彩色滤光片

课堂讨论建议：请了解学生对光本质的掌握程度。看看他们是否能识别出 Roy G. Biv，这是按照顺序排列的彩虹颜色英文单词的首字母缩写词——红色（red）、橙色（orange）、黄色（yellow）、绿色（green）、蓝色（blue）、靛青（indigo）和紫罗兰色（violet）。

分　析

1. 答案会有所不同。白光包含红色、橙色、黄色、绿色、蓝色、靛青和紫罗兰色。

2. 答案会有所不同。草吸收了除了绿色之外的光的其他颜色，因此绿色被反射到了人的眼睛里。

3. 答案会有所不同。天文学家使用彩色滤光片减少眩光，增加对比度，使细微的特征更加明显。

4. 根据实验结果答案会有所不同。

5. 只有黄色光。因为黄色光可以通过彩色滤光片,而其他的颜色被阻挡了。

实验18　平面天体图的制作

课堂讨论建议: 询问是否有学生参观过天文馆。如果有,请他们描述参观天文馆的经历。如果没有,请教师给学生展示天文馆的图片或者幻灯片。

分　析

1. 平面天体图可以帮助人们在一年中不同的时期定位天空中的物体。
2. 大(小)犬座,鲸鱼座和波江座。
3. 长蛇星座在东地平线附近。
4. 9月4号。
5. 小熊星座。
6. 答案会有所不同。星座指向下方。
7. 答案会有所不同。星座指向上方。
8. 答案会有所不同。

实验19　平面天体图的使用

课堂讨论建议: 请学生回答他们如何在天空中定位星座。大多数的学生将会回答他们只是观察星空。请教师指出使用天体图的优势。

分　析

1. 根据一年中的不同时间答案会有所不同。
2. 小熊星座。答案会有所不同。学生极有可能看到7颗星星。
3. 小熊星座,天龙星座,仙王星座,仙后座和大熊星座。
4. 答案会有所不同。24小时。
5. 25度。
6. 90度。

实验20　天文学历史

课堂讨论建议: 向学生解释为什么早期的天文学家认为地球是宇宙的中心。

教师建议：如果你的班型较小，没有足够多的学生小组，不能将了解所有天文学家的任务布置下去。那么在分析问题中会涉及到一些天文学家的贡献，你要确保给学生分配的任务里包括分析问题中涉及到的这些天文学家：亚里士多德、贝尔、布拉赫、哥白尼、伽利略、哈雷、开普勒和牛顿。下文是关于一些天文学家的简短介绍。

亚里士多德：前384—前322。希腊哲学家和科学家。将五种元素描述为火、土、空气、水和以太。

阿利斯塔克：前310—前230。希腊天文学家。他提议地球围绕太阳旋转，在当时，这是不受欢迎的理论。

埃拉托色尼：前276—前194。希腊数学家。他是第一个测量地球圆周的人。

克罗狄斯·托勒密：90—168。罗马哲学家。支持地球中心说理论。

哥白尼：1473—1543。波兰科学家。提出了地球是围绕太阳旋转的几个行星之一的观点。

第谷·布拉赫：1546—1601。丹麦天文学家，他记录了恒星和行星运动的准确观测资料。他是第一个观测超新星并收集其数据的天文学家。

伽利略·伽利莱：1564—1642。意大利物理学家、数学家、天文学家和哲学家。改良了望远镜。1610年，尽管大众都支持地球中心说理论，伽利略却支持哥白尼的观点。发现了木星四个卫星中的三个。描述了金星的变相。观察太阳黑子的移动并将其移动情况制图。观察并描述了月球的外表。描述了等速运动和广义相对论理论。

约翰尼斯·开普勒：1571—1630。德国数学家、天文学家、占星家。与第谷·布拉赫一起观测火星。提出了行星运动定律。

艾萨克·牛顿：1642—1727。英国物理学家、数学家和天文学家。发现了万有引力并提出了三大运动定律。用轻便的改良望远镜进行实验。

爱德蒙·哈雷：1656—1742。英国天文学家、地球物理学家、数学家和气象学家。他计算出哈雷彗星的轨道长度并以他的名字命名了哈雷彗星。

威廉·赫舍尔：1738—1822。英国天文学家和作曲家。发现了天王星和红外射线。制作了400多个望远镜，包括当时最大的望远镜，焦距达到12米。

约翰·柯西·亚当斯：1819—1892。英国数学家和天文学家。从天王星运行轨道的不规则性预测了海王星的存在。

吉恩·勒·约瑟夫：1811—1877。法国数学家。利用数学计算，预测了海王星的存在和大小。

克莱德·汤博：1906—1997。美国天文学家。发现了冥王星和许多小行星。

哈罗·沙普利：1885—1972。美国天文学家。研究了地球到球状星云之间的距离。他发现银河比我们原本以为的要大得多。

安妮·J.坎农：1863—1941。美国天文学家。是根据温度对恒星进行分类的最早的天文学家之一。

阿尔伯特·爱因斯坦：1879—1955。出生于德国的美国物理学家。提出了广义相对论并确认了真空中光的速度是个恒量。

爱德温·哈勃：1889—1953。美国天文学家。发现星系彼此之间的距离正逐渐扩大。

汉斯·贝特：1906—2005。出生于德国的美国物理学家。提出恒星的能量是由核反应中氢聚变成氦所产生的。

卡尔·央斯基：1905—1950。美国物理学家和工程师。发现了无线电波是由银河系发出的。

乔治·伽莫夫：1904—1968。出生于俄罗斯的美国物理学家。他提出宇宙中的氢和氦是由宇宙大爆炸产生的。

乔斯林·贝尔·伯内尔：1943—　。英国天体物理学家。她与休伊什一起研究改良了无线电天文望远镜，并用该望远镜观测到了第一颗中子星。

安东尼·休伊什：1924—　，英国天体物理学家。与伯内尔一起研究改良了无线电天文望远镜，并用该望远镜观测到了第一颗中子星。

分　析

1. 亚里士多德；乔斯林·贝尔。
2. 以太阳为中心。
3. 哥白尼。
4. 逆行运动是指行星明显向后运动。
5. 第谷·布拉赫。
6. 开普勒。

7. 在开普勒之前的 2 000 年，人们认为行星轨道是圆形的。开普勒进行计算后，认为行星轨道是椭圆形的。

8. 木星。

9. 牛顿的万有引力定律。

10. a. 椭圆；b. 双子星；c. 小行星；d. 超新星；e. 视差；f. 彗星；g. 黑洞；h. 银河。

元素周期表